不只是陪伴寶寶，

也是重新發現這個世界的一次機會。

從懷孕起到3歲前，打造家庭幸福感

爸媽自在，寶寶好帶

PREGNANCY, BABY WELLNESS
&
FAMILY BLISS

嬰幼兒心智健康治療師
孫明儀——著

目次

寫給

因孩子哭鬧而心力交瘁的我們

手忙腳亂仍試著讓孩子不哭的我們

白天累得半死晚上還要起床餵奶的我們

很生氣很想一走了之最後還是心軟的我們

前言

這三年的教養旅程，讓我陪伴你

當媽媽的這條路，不知不覺竟然已經走了十七年。當年在密西根州服務家庭的感動，以及全職帶養孩子的經歷，促使我在九年前動筆寫了第一本書《愛上當爸媽這件事》。這回再次執筆寫這本書，是希望與大家分享我在這十七年間，在家庭關係中的領悟，以及在台灣輔導各年齡層孩子與家庭所累積的心得。

市面上已經有很多教養書，有些是幫助父母如何教小孩，有些則是聚焦在爸媽如何「先做自己，讓自己快樂」。我嘗試將這兩者融入這本書，因為我自己的體會是這樣的：想要打造幸福家庭，那麼思考自己跟自己、自己跟伴侶、自己跟孩子、孩子跟孩子之間的四種關係，都是非常重要的。

雖然說這是一本教養寶寶的書，但我畢竟是個習慣跟家長攜手一起理解教養細節的工作者，所以這一次，我想跟讀者一起摸索，從懷孕那一刻開始，一直到寶寶三歲這段期間的真實經驗。

透過這本書，我嘗試從陪伴的過程，跟你一起理解在這三年多你可能體驗到的一切感受，幫助你逐漸適應當爸媽的這個角色，解答過程中可能有的複雜心情或疑問。我想陪著你，讓你感覺不孤單。希望你把這本書放在書架上，有空時、有疑問時，都可隨手拿下來翻翻，找尋讓生活幸福的靈感。

因為這本書不只是關於「你與孩子」，還包括「你跟你的另一半」，以及「你們與長輩或朋友」之間，在你們進入爸媽角色後所產生的微妙變化。

在東方家庭中，不管你喜不喜歡，都得接受一個文化現象，那就是：我們自己跟伴侶之間的互動、夫妻跟長輩之間的互動，都會與我們產生共振，而孩子當然也是共振圈裡的一部分，會感受到大人們教養觀念差異的衝撞。要拿捏好這一切互動，讓自己過得幸福，並不是一件簡單的事。我自己在某些關係層面上也不是做得很好，但我嘗試地盡力去做。

盡力去做，不是為了別人，更多是為了自己，讓自己能擁有平穩的生活。我覺得，體認到自己的不完美，願意嘗試看到對方可能存在的善意，保持一定的溝通互動，或許就是足夠好的結果。做到足夠好，夫妻之間面對教養，就可以互相交心，與長輩的互動亦能彼此尊重，親子互動、日常家庭生活也會感覺溫暖。

哈佛大學醫學院臨床精神病學教授羅伯特．沃丁格（Robert Waldinger）曾經進行一項長達七十五年的知名研究，試圖了解到底做什麼，可以讓人快樂又健康的活到老。結果發現，擁有正向溫暖的重要關係與社交連結，是讓我們快樂又健康最重要的元素。這個不讓人意外的結果，讓我們看到重視親子與家庭關係，最終受益的仍然是我們自己。

在這本書裡，我還想補足自己在第一本書裡沒有多著墨的部分，解碼更多幼兒的帶養難題。回台灣工作之後，常有幼兒期寶寶父母前來求助。我發現這個階段的爸媽們，對於小小幼兒強烈的情緒表達或執拗的行為，常感到非常困擾。因此，這本書裡有超過三分之一的篇幅，著重在三歲前幼兒的教養，希望幫助爸媽們了解為什麼這個時期的孩子有時會講不聽，為什麼有這麼多無理的堅持。

我想像你一整天帶養幼兒可能遇到的困難與疑惑，藉此分享孩子常出現的情緒，以及在他們發展過程中這些情緒的意義。再一次的，我想支持你、幫助你在摸索過程中能有個參考的方向，建立自己與孩子的互動方式，讓你即使在挫折中仍然願意繼續嘗試。

我常在演講時提醒大家，教養這件事，不只是關乎你與寶寶之間的情感連結，同樣重要的是家人之間的情感連結。全家人日常生活裡的溫暖互動，與我們、與孩子們交織在一起，讓我們可以感受到自己努力的回報。

我希望，聽到孩子哭鬧而心力交瘁的我們，手忙腳亂仍試著讓孩子不哭的我們，白天累得半死晚上還要起床泡奶的我們，很生氣很想一走了之最後還是心軟的我們，透過這本書，能夠感受到孩子緊抱著我們的那種溫暖，記起那個可愛的小小身影向我們奔跑而來的剎那，體會寶寶們不氣餒的摸索著跟我們連結、對我們表達愛意的努力。希望這本書，能幫助你平衡追求自我與為家付出的兩難，讓你願意隨寶寶的成長調整自己的生活步伐，學會從呵護備至到試著慢慢放手。

或許多年以後，當你跟我一樣，從緊密的親子關係中放手時，會明白這所有的一切，是我們以生命帶養生命獲得的感動。你將發現，自己值得擁有如此深刻的感動。

愛的關鍵，在我們手上。無論我們自己在成長過程中有沒有好好的被愛、被照顧，從我們自己成為爸媽的那一刻起，就意味著孩子為我們帶來了一次回到童年的機會。現在，就算我們曾在成長中受過傷，也終於可以選擇與伴侶攜手創造屬於自己的愛。

一起啟程之前，我要用一位德國朋友分享的一段話，作為對你的祝福：

我們獨自出生，也將獨自死去，
在這兩個點之間，
值得的，唯有愛與信任。

走吧，出發去！

第1部

產前三個月

寫一份快樂生產計畫，給自己掌控感

懷孕不焦慮，寶寶也開心

產前三個月？這本書不是談如何教養三歲以前的寶寶嗎？寶寶還沒出生，要教養誰？教養什麼？為什麼這本書會從這個時間講起？

因為這個時期與寶寶出生之後情緒的平穩狀況，有非常密切的關聯，而且密切的程度超乎爸媽想像。

懷孕，通常會讓準媽媽們容易有許多情緒起伏，有人焦慮、擔心過程能否順利，有人沒來由的想哭、健忘，甚至憂鬱。有研究發現，如果第三孕期（懷孕七個月到生產）的準媽媽情緒波動劇烈或壓力大，腎上腺素經常被激發，就會影響到寶寶，寶寶出生後經常哭鬧的比例，比一般寶寶竟然高出四〇％。

由此可見，這個時期對於寶寶有多麼重要。媽媽們的情緒越平穩，生出來的寶寶一般來說也比較容易帶養。

不過說實話，我自己也經歷過，孕期最後這三個月的確並不容易。在這三個月期間，需要克服不少生理衝擊。比方說，身材的變化：肚子越來越大，有時會壓迫到神經，造成身體疼痛；飲食改變：吃也吃不多，所以要少量多餐；睡眠困擾：晚上睡覺會因為頻尿而起來好幾次。

最重要的，還是心理的陰影：照鏡子時，感覺自己是個龐然大物，像一艘航空母艦（真的是「母」艦），看起來腫腫的，覺得自己變醜了等等。再加上隨著身體的變化，行動無法像以前一樣俐落，有時不得不依賴另一半攙扶，有些日常生活上的瑣事還得拜託別人幫忙，這種無法自主的感覺並不好受。

讓我印象深刻的其中一件事，是有一次我竟然需要先生幫我綁鞋帶，因為那時我的肚子已經大到看不到自己的腳。「你的身體不是你的」，我想這種體驗，沒懷孕過的人恐怕是無法理解的。

所以接下來這個章節，我想陪伴爸媽一起克服的，就是這段期間的各種情緒問題。讓我們來盤點一下準媽媽們常見的心情，先從察覺自己的焦慮以及這些焦慮的來源，然後再逐一理解，放下不安。一旦放下了，將來寶寶的情緒也會更加平穩喔。

擔心自己身材走樣……

懷孕的準媽媽們，通常會一邊關心著肚子裡的寶寶，一邊留意自己的狀況，思索著要怎麼做，會對自己比較好。

比方說，我們只要一有空，就會詢問朋友或上網爬文，看看怎樣可以減少生產過程中的痛；要吃什麼、注意什麼，生產時會比較順利；還有，坐月子時要留意什麼，該如何安排……。

當然囉，最重要的是產後要怎樣瘦回來，讓身材恢復到生孩子前的狀態。

會關注這些，都是很自然的。只是千萬別因為懷孕時期的身體變化，讓自己不開心，更別因此輕易掉入情緒低潮。

如果你察覺到自己不開心，可以好好想一想，能為自己做什麼。例如：

想一想，穿的衣服尺碼越來越大，不等於就不能展現優雅。就算真的覺得懷孕時身材不佳，也可以換個髮型，讓自己覺得看起來漂亮一點。

想一想，就算對自己的現狀不滿意，也不過就即將臨盆的這三個月而已。記得時刻提醒自己這一點。

想一想，這是一段讓你能夠心安理得「享受」別人服務的時間，不要羞於表達你需要幫忙。就像我一樣，鼓起勇氣開口讓老公幫忙綁鞋帶，然後享受一下有人攙扶、幫你綁鞋帶的生活。

想一想，有人讓座時，為什麼要不好意思，想坐就給它坐下去，千萬別因為客氣，而造成身體不舒服或覺得心裡不舒坦。

想一想，與其擔心能否順利生產，倒不如提醒自己遵從醫囑，為生產做好準備。

懷孕、生產與育兒的過程，是一連串不確定性的疊加，其中當然會有好的經驗，也會有不好的經驗。面對這些未知，如果能把預設值設定為有好有壞，那麼遇到壞消息時，或許比較不那麼挫折。我自己應對壞消息的方法，就是在聽到壞消息時，盡快想一個生活中值得感謝的好消息。這樣一來，在那個當下就不至於讓不好的情緒淹沒，覺得自己看不到出口。

在孕期最後三個月，會在你腦袋裡轉個不停的「未知」，莫過於生產能不能順利、寶寶是否頭好壯壯，或是寶寶長得像誰等等。尤其是前者，對於沒有生產經驗的準媽媽來說，因為有太多無法想像的未知過程，難免會感到緊張、焦慮。

即便已生過一胎，第二胎還是要重新再次體會這種心情，因為我們永遠無法預期會發生什麼事。再說，我們習慣「未雨綢繆」的聰明大腦，也會為了「以防萬一」，三不五時就把可能發生的壞事拿出來提醒我們。

面對這種情況，有的人是船到橋頭自然直，覺得就是照常過日子，不需要多想；有的人會加入相關群組或向親朋好友請教生產經驗，拿來當作參考。不管是哪一種，我覺得都有必要告訴自己：面對生產的未知，要理解自己的焦慮是有正面意義的——焦慮是因為我們在乎，焦慮來自於我們希望一切能夠順利，焦慮來自於我們冀望母子均安。

受不了別人異樣的眼光

孕期的最後三個月，有時你會感覺好像全世界都用異於以往的方式在與你互動。

例如，搭捷運時有人會主動讓座，甚至有人會關心你預產期什麼時候、要去哪裡生產、第幾胎了（哈囉，我跟你很熟嗎？）。在職場上，善良的同事們也會主動提供協助。朋友們則是不時跟你分享經驗：「哎！你現在能睡就要盡量睡，不然孩子生下來後，半夜會哭到你恨不得把他塞回去。」或是「趕緊把握兩人時光，接下來幾年都別想去看電影了。」

準媽媽們承受著來自四面八方的關愛，多數時候是窩心的。不過，這些不同程度的關注，有時也可能會形成情緒的亂流。有的人對這些額外的關注不太在意，但也有人會放在心上，甚至因此感到困擾、不安，覺得自己好像不是原來的那個人了。

例如，最近我有個同事即將生產，有一次聊天時，她說她真的很受不了大家老是叫她慢一點，還動不動就要幫她拿東西。她說，她知道這是出於關心，但她覺得只是懷個孕而已，她還是可以跟以前一模一樣。

事實上，準媽媽們對整個孕期都有各自的期待。有的人希望自己不會因為懷孕而受影響，有的人則期待周遭的親友可以更體貼一點，但不管如何，我們都希望自己能夠受到尊重。

而焦慮的產生，往往就在於：別人看我們的樣子與我們看自己的樣子，出現落差。

我想比較有幫助的做法，是依照親疏遠近來決定自己如何回應。

例如，對於陌生人的關心，我們可以禮貌地笑一笑或說聲謝謝，這樣就可以了。即使對方還在捷運上、公車上、在你的面前，只要你閉上眼睛休息，對方就會適可而止，不再攀談。

對於同事的主動幫忙，可以直接表達：「非常謝謝，若真的需要幫忙，我一定會跟你說。」

至於朋友們的經驗談，不要想成是她們在恐嚇你、打擊你，可以反過來向她們請益：「孩子晚上哭鬧不睡覺，你是怎麼處理的？有沒有什麼好方法分享？」

過來人都知道，當爸媽的這一路上會有許多人主動給你建議。我以前孩子小帶出門時，就有好幾次被捷運上的婆婆們說孩子穿太少了、露肚子會感冒等等。

遇到這樣的事不用太糾結，只要想對方是出於好意，有誰能比你更了解自己孩子的狀態呢？所以，當下聽聽就好了。不想聽時，回個禮貌的微笑，下一站換個車廂就可以了。

用不著生氣，這不是為了對方，而是為了自己的身心健康著想，讓自己的心情能夠保持平靜。

要知道，有時候對方只是將自己的記憶投射到我們身上，口中說的是你，實際上是在講自己過去很在意的事。如果真的是這樣，當然就跟你更沒關係了。

避免受別人影響，是我們很重要的練習。學會弄清楚自己是怎麼想的，然後再試著跟周圍的人溝通，幫助他們尊重你。例如我前面提到的那個同事，當她清楚告知她的想法後，我就調整了與她之間的互動方式，不再主動詢問要不要幫忙。因為我明白了，懷孕的她需要感覺到自己並沒有不一樣，這點對她而言是重要的。所以，表達自己，能夠幫助周遭的人用我們希望的方式來與我們互動。

擔心兩人世界，從此回不去……

懷孕期間，有些夫妻的確容易產生摩擦。

比較典型的狀況，是先生無法體會懷孕對太太身體的影響，於是對太太的期待（不管是分擔家務，或是希望太太對待自己的方式，甚至是親密行為）與懷孕之前沒什麼兩樣。

此外，太太也可能因為懷孕不適，對先生有很高的期待，希望即使自己不開口，先生也能夠主動關注自己，回應自己的需求。

因此，很重要的提醒是：在懷孕期間，夫妻兩人的小世界，的確已經跟懷孕之前大不相同了。

接下來，夫妻兩人都需要練習：當彼此經驗到的狀況不一樣時，如何嘗試**從對方角度來理解對方的需求，然後關懷彼此，嘗試了解彼此的經驗。從過程中學習，以對方喜歡的方式來表達體貼。**

以前面的例子來說，先生可以自問，是否期待太太跟以前一樣？如果期待與現實出現落差時，就需要更了解懷孕帶給太太的影響。

懷孕是暫時的，如果因為太太的身體狀況，讓她無法像以前一樣做許多家事，或滿足自己的親密需求，兩個人應該設法彼此協調，或是思考相對的因應方式。

至於太太，如果渴望先生更關心自己的懷孕狀況，可以試著表達出來。例如用比較溫柔的方式說出心裡的想法，適當的撒嬌可能也不錯。

總之，記得避免用抱怨的方式。因為抱怨會讓彼此感覺對方做得不夠好，或覺得自己被批判。當一個人感覺到自己被批判時，本能的反應就是防衛或反擊。一旦對方反擊，結果是讓自己感覺更受傷、更不開心，原本希望對方可以更關注自己，結果卻把對方推得更遠。

在這個過程中，調整自己的期待非常重要。我們是人，一定無法百分之百做對、做好，就算常常不如自己的意，也不用太難過。像我說的，這就是歷程，在過程中溝通、適應、磨合，都是很重要的。

透過這樣的練習，在寶寶來臨前，兩個人會慢慢建立更佳的團隊感。

養成自我覺察的習慣，找回生活中的掌控感

懷孕帶來的影響，以及對未知的擔心，都會讓我們感覺焦慮。面對焦慮，最好的方法是回到自己可以掌控的人、事、物。

心理健康的基礎，是擁有足夠的掌控感。這是什麼意思呢？首先，讓我稍稍解釋一下，「掌控感」與「控制欲」有什麼不一樣。

「控制欲」是要別人照著自己要的方式去做，跟掌控感很不一樣。有掌控感的人通常會知道「自己怎麼了、自己想什麼、感覺什麼、想要什麼、可以想出不同的選擇、做出對自己比較好的決定」。對，這種理解自己，知道可能的選項，然後可以自主做出決定，就是我們對生活的掌控感。這種對自我的掌控感，其實可以幫助我們身心更健康。

那麼，即將生產的你可以怎樣建立「掌控感」呢？方法很多，有人在面對生產焦慮時，會被激發出築巢本能：經常去逛嬰幼兒展、添購寶寶用品，布置一個可以更完善迎接寶寶的環境。這

種築巢、打造環境的本能就是一種掌控感，包含你對「自己的感受」，以及「接下來生活安排」的掌控感。

再比方說，事先安排好如何坐月子，也是一種對「接下來生活安排」的掌控感。坐月子這事，要考慮的不只是預算，還有情感。沒錯，找長輩幫忙的確可以省下去月子中心的花費，但如果我們與長輩的關係本就緊張，結果可能會省了錢，卻讓情緒承受更大的負擔。若是這種情況，或許忍痛花點錢、請月子中心幫忙，是比較理想的選擇。當然，如果預算實在有限，或是長輩很強勢、堅持要幫忙，那麼你可以先跟另一半沙盤推演一下，當意見不一樣時，可以如何溝通。這整個過程，也有助於你建立掌控感。總之，越早安排好，準爸媽的心會越安定。

我也認識有些媽媽，是透過靜坐冥想等方法，讓內在平靜下來。當然，每個人各有合適的方式，如果你平常上班就很忙碌，回家只想放空、追劇，或許可以趁搭捷運或公車時閉目養神，試著讓自己聚焦在緩慢平穩的呼吸。善用這些生活裡的零碎時間做練習，都是不錯的方式喔。

要明白，即將成為爸媽，一定會感到焦慮。其中最主要的焦慮源頭，來自我們對自己的期望：希望自己能為寶寶、為家人做出最好的決定。尤其是準備迎接第一個寶寶的新手父母，更容易有這樣的心理壓力，進而造成情緒上的患得患失，希望自己做的每個決定都能對自己好，也對寶寶好。

在充滿未知、不確定的經驗裡，自我覺察與彈性調整非常重要。在覺察的過程裡，緩解自己的焦慮；在調整的過程裡，理解什麼比較適合自己。明白焦慮是難免的，然後覺察與緩解自己的焦慮，光是理解，就能讓我們有更多的掌控感。

找回生活的掌控感，當然還包括在生產前，好好把握兩人世界的美好時光。兩人多一點交流與分享，平日多聊聊，一起出席活動，讓彼此都可以感覺得到愛與關懷。**兩人的堅定情感，以及對日後照顧做好分工準備，建立起團隊感，是爸媽給寶寶的第一份最好的禮物。**

生寶寶，是勇敢走入愛的旅程

想到生產，總讓準媽媽們感到緊張。如果這是你的第一胎，而且從沒有住院過，從小到大也沒生過什麼大病，那麼對於生產這事所產生的焦慮，很可能會出現各種不同的心理狀態。

最常見的是感覺對未知的茫然與害怕，不知道自己的身體在這個過程中，會經歷些什麼。的確，有些人天生樂觀，覺得自己吉人天相，一定會很快的、順利的生下寶寶，不用自己嚇自己。如果你是這種人，恭喜你，開心的去生產吧。但如果你天生就是思慮深遠、容易焦慮的人，那麼我猜想，你現在應該一顆心七上八下，早早地擔心著生產那天會不會有什麼突發狀況。

還有另一種常見的焦慮，是怕痛。我們要嘛看過電影，要嘛聽過別人描述生孩子那種痛不欲生的場面，感覺不是可怕，而是非常非常可怕。

當然，也有對寶寶是否健康的焦慮。雖然我們照過超音波，看過寶寶的樣子，但還是隱約會擔心，生出來的寶寶會不會有什麼狀況。

怎麼辦呢？我的建議是，不管你對生孩子的想像是什麼，記得前面說過的：焦慮時，想想能為自己做什麼，增加我們對自己、對生活的掌控感，讓我們在焦慮中，學會與情緒共處。

可以怎麼做呢？

首先，舉「怕痛」來說好了，你真的可以放心。今天我們比古代的媽媽們幸福多了，現代醫學有許多藥物可以幫助我們減輕生產的疼痛。即便是產後的復原，也有安全可靠的止痛藥物可以協助我們。

比方說，為了徹底消除你的焦慮，你可以選擇無痛生產。要注意的是，無痛生產不是一開始宮縮就施打，因為太早打會拖長生產時間，但無痛分娩麻藥也不能太晚打，這方面的細節可以詢問專業的醫護人員。

一旦決定後，就把這件事整個放下。不管是羊水提早破、開始陣痛，或是到了約定好要剖腹的時間，總之等到生產那天真的來臨時，你將發現「為母則強」這句話真的一點都沒說錯。

我還記得，我生孩子的那一天，趕到醫院時已經不像之前那樣緊張，因為相見的這一天終於到了，腎上腺素激發的當下，我告訴自己：好好面對，希望一切順利囉！

擬定一份生產計畫

另一個我非常推薦的方法是：為自己擬定一份生產計畫。國外的準媽媽們，在生產前會跟醫療團隊討論自己希望的生產方式是什麼，並擬定一份生產計畫。通常一份完整的生產計畫包括：爸媽希望在哪裡生孩子、希望醫療團隊如何處理生產時或生產後的疼痛、對於輔助生產（需要動用到產鉗等輔助工具）的看法，以及新生兒的輔助（例如希望留存臍帶血）等等。

以如何處理生產疼痛為例：是否在開始陣痛到子宮頸開三公分之間，使用拉梅茲呼吸法來減緩疼痛，讓自己多放鬆一點（小小複習一下：拉梅茲呼吸是讓身體完全放鬆，眼睛注視著同一點，由鼻子深深吸一口氣，此時胸部會慢慢升起，然後再嘛嘴（吹蠟燭般）慢慢將氣吐出，此時胸部會慢慢下沉。每分鐘約做六至九次，隨著子宮收縮就開始吸氣、吐氣，反覆直到陣痛停止）。

寫生產計畫，某種程度可以讓我們有更多的掌控感，緩解自己對生產的焦慮。

至於你的生產計畫，可以包含以下幾個重點：

1希望在哪家醫院或是在家待產，由哪個醫生接生，還是在家溫柔生產。

2待產時是否可以下來走動，而不是被限制躺在床上。

3生產時可以選擇非必要的醫療處置，例如灌腸、剃毛等等。

4如果產程中有任何變化，在情況不危急下使用任何助產工具或程序，希望醫療人員可以清楚解釋對我及寶寶的影響。

5家人可不可以陪產，陪產時是否可以拍照或錄影。

擬定計畫時，千萬不要寄予太多的幻想與期待。我想生產過的媽媽都知道，生產過程中可能會出現突發狀況，所以在這份計畫裡，記得要保留彈性，並相信醫護團隊當下的判斷。

生產過程中，會遇到哪種突發情況沒有人能預知，例如本來希望自然產，但最後不得不剖腹。遇到這類情況，千萬別因為「沒有按照計畫進行」而沮喪。即使實際發生的情況，與自己原本希望的生產過程不同，也一定要相信：「爸媽與醫療團隊當下的共同決定，就是對自己和孩子當下最好的安排。」

老公陪產嗎？多與另一半溝通就對了

所有準備生產的媽媽都要知道，在生產過程中，除了擬好生產計畫、跟醫護團隊培養默契與信任外，還有另一個很重要的角色，就是你的另一半。

有些媽媽會在最後這一刻，開始生另一半的氣。回想起懷孕期間，從頭到尾幾乎全是自己在辛苦、在受罪，獨自忍受懷孕帶來的所有不便，轉頭看到另一半還是正常上班、運動，甚至打電動手遊，心裡就有氣！

這時候，請先好好慰勞辛苦的自己，試著照顧內在的不平衡，並且理解到，畢竟他們無法經歷懷孕，要感同身受並不容易。雖然他們看起來好像照樣過日子，但對孩子即將到來的興奮，或是對太太懷孕的辛苦，還是能透過一些行為（比如多承擔一些家務、更體貼關切太太的日常活動等等）看出，他們其實知道另一半正承受的身心變化，也很希望自己能幫得上忙。

還有一個常見的問題是：生產時，老公要不要進去陪產？你希望他如何在生產時支持你（例如在旁邊握著你的手）？這當然都很重要，而且可以事先溝通。

有的媽媽會擔心，如果被老公看到自己生產時聲嘶力竭、頭髮散亂，或是雙腿間因為用力而排出血肉與排泄物的狼狽樣子，會影響日後兩個人的感情。

如果擔心，可以在進產房前跟老公聊聊。不過，這真的不需要太擔心。多數老公都能理解，你是因為有感情才懷了你們的孩子，是因為愛他，才忍受了這樣的辛苦過程，你在產床上努力把孩子生下來，已經展現了高度的愛與勇氣。

有些人會希望自己的母親在場，我想只要是自己感覺對方夠親近，能給予自己勇氣與支持，想要誰陪產，都可在生產前好好溝通。比起先生或自己的媽媽，有時候更難處理的是婆婆想要陪產，尤其是家族的第一個金孫，似乎更容易遇到這樣的要求。

如果不希望婆婆看到這個過程的狼狽模樣，可以請先生出面溝通。記住，婆婆希望陪產是因為想要有參與感，如果不希望她陪，可以委婉拒絕：「您在場，會給我太大的壓力，可以請先生分享照片。」或是「我還有○○事要請您幫忙」，讓長輩知道雖然自己不希望她來觀產，但她還是可以幫得上忙，以此來回應對方想要參與的渴望。事先想好可以讓對方參與的是什麼，避免雙方因此產生心結。維繫良好的姻親關係有其必要性，在生產時，既不要讓自己受委屈，也不要在拒絕過程中有摩擦，以免日後相處起來形成壓力。

萬一生產過程不順利，怎麼辦？

生產過程中，有可能會發生很多意外情況。不過別緊張，只要做好準備，加上專業醫護人員的協助，你一定可以順利度過，不必事先自己嚇自己。

記得我生第二胎時，歷經了二十多個小時，因為寶寶比較小，居然在生產前自己轉了個角度，進入產道才發現胎位不正，也無法剖腹。彷彿是百年難得一見的難產一樣，不斷有人進來詢問是否可讓實習生觀看。到最後我不耐煩了，說道，要進來看就進來，但是趕快幫我把寶寶生下來。

那次醫生選擇的處理方式，光是產後的縫合就花了四十分鐘，也讓我在坐月子期間因為疼痛吃盡了苦頭。不過我相信，那是醫生為了讓寶寶順利分娩，當下所能想到的最好方式。所以進醫院生產時，如果能夠抱著「感謝大家與我成為一個團隊，我要跟他們同心協力，讓這個過程平安順利」的心態，會很有幫助。

生產過程中驚心動魄的時刻，回想起來每個人可能都不一樣。拿我自己來說，就算是難產了二十多個小時，現在回想起來也就只剩下幾個畫面。不過對有些人來說，生產的不順利會留下創傷經驗，尤其是過程中有併發健康症狀的母子，更容易讓媽媽體驗到創傷。

如果經過三、四個禮拜，你發現自己還是不斷回想起生產過程，且伴隨著許多強烈的負面情緒，甚至影響到自己日常生活的步調，例如晚上做噩夢，或是因不斷回想起生產過程而焦慮睡不著，那就表示：你需要其他人的幫助，協助自己消化這個經驗。

這樣的反應並不奇怪，生孩子是一個獨特的旅程，每個人的體驗都不同，有些人可能需要更多時間消化，但絕對不會因此讓自己變成不夠好或不夠格的爸媽。建議在回診時跟醫師討論，醫院會提供一些心理相關的資源來協助你。

很多人喜歡旅遊，所以或許我們可以把生產想成是一次自助旅行：你一定發現了，無論你再怎麼細心規畫行程細節，旅途上總是會有一些出乎意料的事情發生。或好或壞的過程，勇敢走過都是增添自己人生色彩的酸甜苦辣，每一步都在堆砌著日後豐富的回憶。

第2部 生產與滿月

不糾結，不自責，允許自己不完美

生產完，讓自己好好休息很重要

我永遠記得，當護士將寶寶擦乾淨、抱來我身旁時，我看到她的第一眼。第一次抱著她的感覺，真的是一輩子都忘不了。通常，多數媽媽第一次看到寶寶時會滿心的感動，覺得好可愛，但我也遇過另一種媽媽，她們心裡可能產生一種「就這樣？這就是我的寶寶？」的陌生感。不用擔心，就算第一次接觸沒有什麼特別的感覺，也不會讓我們變成不愛孩子的爸媽。親子之路很長，不急於那一時片刻的表現。

畢竟，剛生產後的疲累感、想跟寶寶好好建立感情的渴望，或是驚覺到自己身體疼痛與不舒服……，產後的第一天可說是五味雜陳。不管生產過程如何，此時最重要的是好好休息——不只是身體上的，也包括心理與情緒上的休養。要知道經過了分娩，我們體內一堆不同的賀爾蒙正在快速地消長，再加上身體上的傷與痛，很容易引發讓情緒低落的種種感受。

關於好好休息，有幾個重點要特別注意：

一、盡可能設法減輕疼痛感

疼痛會影響情緒，身體上的傷口也會讓我們擔心是否能好好復原，所以感覺煩躁、脆弱、想哭，都是正常的。必要時，服用止痛藥是有幫助的，當疼痛不適感減輕了，情緒自然變得比較輕鬆，反而較能心平氣和的照顧寶寶。既然服藥是暫時性的，就無須太糾結，如果擔心藥物會影響餵母奶，可以先諮詢醫師的意見。

我很幸運在國外坐月子時，有媽媽陪在身旁，邊看著媽媽照顧孩子邊學習，甚至跟媽媽聊天，都成為我轉移疼痛感的方式。此外，也可以做一些覺得有趣或舒服的事，或是學習正念呼吸來自我調節，對於緩解疼痛也會有幫助。

「正念呼吸」是心理學很重要的一個練習方法，主要是幫助自己接納當下的感受與想法。找個讓自己身體放鬆的姿勢，用緩慢的深呼吸來感受身體當下的感知，有點像冥想或打禪。正念強調的是即使有雜念，在腦海中也能接納這些正在發生的念頭。Youtube上有許多相關的影片，可以選一個自己喜歡的聲音，跟著引導來放鬆自己。

二、剛生完是休息，還是親自照顧寶寶？

剛生完的那個晚上，到底要不要自己照顧寶寶，是新手父母一定會面對的問題。跟寶寶同房、餵食母奶，對於產婦的體力是一大挑戰，因為哺餵母奶必須每兩個半小時餵一次，這會讓剛生產完的媽媽無法有充足的睡眠及休息。

不管是否親自餵奶或照顧寶寶，都要記得提醒自己：這只是一個過渡期。你的身體需要時間復原，也需要和先生一起學著適應為人父母的新角色，就像剛到這個世界的寶寶，也需要時間來學習喝奶一樣。因此，不用急著當天晚上就要親自照顧寶寶，先讓自己好好休息，蓄積足夠的體力。如果感覺到想照顧的迫切性，也請記得接納這樣的自己，知道自己只是希望能做得更好，讓一切早點上軌道。

三、留意自己情緒的變化

生產完，由於身體賀爾蒙的急速變化，有的媽媽會感覺沮喪、想哭，覺得似乎一切跟自己原先想像的不一樣。例如，第一眼看到寶寶時，沒有覺得孩子很可愛，或是覺得生產過程不是很順利等等。

其實，這一切都是全新的（甚至還可能是艱難的）經歷，不要覺得自己需要一個人面對或解決，可以多跟另一半聊聊。如果感覺整天都籠罩在這樣的情緒，可以諮詢醫療團隊，醫院通常會用「愛丁堡產後憂鬱量表」來評估產婦的狀態。透過填寫這個量表，可以協助爸媽了解自己目前的情緒狀況，也讓醫療團隊能進一步理解是否需要轉介，或安排其他相關服務。

辛苦了喔！直到把寶寶抱在懷裡，我們才終於有了真實感。現在這個家有了新成員，不再是簡單的夫妻二人組了。不過，即便是生產過後，爸媽也要持續的保持自我觀照，因為爸媽好，寶寶才會好。

母奶好，配方奶也好，千萬別糾結

為人父母都想給寶寶最好的。餵母奶好像天經地義，醫療人員也建議我們應該餵母奶，但餵奶這事並不簡單，要怎麼做才能順利呢？接下來，我想聊聊餵奶這件事，希望讓餵奶成為親子之間的甜蜜時刻，而不是心理的負擔。

餵母奶的確有科學實證的好處，不管是對寶寶的免疫系統或消化系統都是最適合的，所以大部分的媽媽都會考慮餵母奶。不過，如果你一開始就打定主意不親餵，或是半途改變主意想要餵配方奶，也儘管放心，這樣做不會對寶寶造成永久的傷害。

餵母奶會讓媽媽有壓力？這點我很能體會，因為我生完第一胎的最大挑戰就是奶量不足，尤其是剛開始的時候，孩子才吸奶一下下就哭了，不知道是不會含乳頭，或是我自己太緊張，反正就是寶寶沒能吃飽。當時醫院的護理師一直鼓勵我讓寶寶多吸，身體就會知道要製造更多的奶水，但看寶寶那麼努力卻沒能喝到，餓得一直哭，我就覺得有好大的罪惡感。一點都不誇張，當時我真的認為這麼基本的事我都做不到，甚至因此懷疑自己不夠愛寶寶，一直糾結自己不是個好媽媽，情緒非常低落、沮喪。

其實，不管是親自哺餵母奶、擠奶由他人餵，或是餵配方奶，只要當下清楚是為了什麼原因選擇這樣做，並確定這是對自己和寶寶最好的方法，這樣就夠了。轉個念，調整做法，找到對寶寶、對自己都好的餵食方法，才是最重要的。做出選擇，並對自己的選擇感覺安心，這才是最健康的哺餵心態。

親子關係是一輩子的功課，所有的摸索都是在累積經驗，過程中的困惑與掙扎都是愛的印記，所以不要跟一開始的不如意過不去。

不要將自己的「成功」綁在「足夠的母乳」上

我想提醒的是，帶養寶寶的過程中，要把握一個重要原則：知道自己為什麼這麼做，以及你所做的決定，是否在一個合理的範圍內幫助孩子健康成長。

餵奶這件事，我自己當時的掙扎是：我花了兩三個月調適對「純餵母奶」的期待。從換尿布的頻率與孩子的哭鬧中，我知道孩子喝的母奶不夠，為了催乳，在餐與餐之間我還擠奶，把自己搞到完全沒有辦法休息，反而情緒更緊繃，也對自己很失望。

努力了好一陣子，幾番天人交戰後，我試著告訴自己：儘管現在我奶水不夠，讓寶寶喝不飽，也讓我很難受，但接下來的至少十八年裡，我會跟孩子生活在一起，我愛孩子的方式還有很多，不需要卡在「母奶不夠，不是好媽媽」的想法中。既然讓寶寶得到足夠營養才是最重要的，那麼以配方奶來補充營養不失為解決的辦法。

我這麼說，不是要爸媽一開始就放棄純餵母奶，因為要放下純餵母奶的期待，並不是件簡單的事。尤其對新手爸媽來說，好不容易盼來的寶寶，自然會盡一切努力想給他最好的。因此，一旦狀況不如預期，我們往往就會感覺灰心難過。

我想提醒的是，我們可以用正向的角度來處理這種感受。要知道，難過灰心的本質，其實是出自對寶寶的愛與重視。正因為是好爸媽，才會在乎自己沒辦法給寶寶更多。

這時候，應該盡量讓自己回歸到平穩的情緒，專注在呼應寶寶的需要。

我生完老二之後，因為已經接受自己奶量不足，所以早早就妥協，心想若奶量一樣不理想，就直接送上配方奶，心中沒有半點糾結。

沒想到，神奇的事發生了。或許是因為心情放鬆，或許是寶寶努力吸吮，我的奶量居然非常足夠，開心餵母奶到孩子一歲多，根本無須補充配方奶。能夠純餵母奶真的很美好！原來，泌乳的過程中，賀爾蒙分泌會讓身體產生愉悅感，而看著寶寶喝飽了睡著的安詳模樣，更會帶給媽媽生理與心理上莫大的滿足感！

由此可見，心情對身體的影響有多大。不過，我也記得因為老二的奶水充足，讓我對老大懷著些許愧疚，也有點感傷當時無法讓她喝個夠。所以請不要給自己過高的期待，因為後座力真的很強，即使當時已經放下了，事過境遷，還是會在我們心裡留下淡淡的遺憾。

由於每個人的體質不同，不妨把純餵母奶視為一個目標，做到了當然很美好，沒做到也不用太在意。我們要理解的是，寶寶需要的不只是營養，更需要溫柔的關懷與愛，這跟餵寶寶奶水同樣重要。

當我們在親餵這件事情上，不再把自己的「成功」綁在「足夠的母乳」上，就不會逼死自己！如果媽媽緊繃了，寶寶也會跟著緊張起來，這是寶寶的生物本能。這樣一來，雙方都感覺不安穩，對孩子的消化系統完全沒有好處。

至於配方奶如何選擇，可以與醫師討論，也可以上網參考其他爸媽的經驗。儘管配方奶不如母奶好消化、吸收，寶寶的排便可能會比較臭，但如果奶量不足，還是要以寶寶的需要為考量。

總之，千萬不要逼迫自己一定要如何如何，給自己太大的壓力。每個媽媽的身體、每個寶寶的情況都是獨特的，沒有非得怎樣不可的做法。

把握坐月子時間，做自己愛做的事

產後的一個月，是你需要留給自己的休養時間。通常在坐月子期間的兩大重點，一是嘗試學習照顧寶寶，二是照顧好自己的身體。

新生兒通常每兩個半小時就要餵一次奶，因此在摸索如何照顧寶寶時，最重要的就是：「練習餵奶」與「跟著寶寶的作息同步」。

新生兒本來就是睡睡醒醒，醒的時候通常就是要喝奶或換尿布。由於每兩個半小時就要餵奶一次，爸媽通常都會覺得累，因此如果在孩子睡著時也能跟著睡一下，就會好很多。如果可以同步跟著寶寶休息，在寶寶醒時，爸媽就會比較有耐心跟孩子說說話或互動一下。

至於照顧好產婦自己的身體，則要分「生理」與「心理」這兩個層面來看。

「生理」部分，你可以觀察惡露是不是排得越來越乾淨，或是觀察傷口的癒合與疼痛感的控制，如果覺得情況變嚴重，要記得詢問醫生或醫療團隊。

「心理」部分，可以自我觀察情緒是否維持平穩？面對寶寶或照顧寶寶時，有什麼樣的感受與想法？

有時候心理會影響生理，反之生理也會影響心理。我曾經見過一對新手父母，媽媽因為情緒低落吃不下月子餐，而爸爸卻抓錯重點，認為訂好的月子餐不吃很浪費，因此不斷給媽媽壓力。

真正的重點，在於媽媽的感受（心理）影響了胃口（生理）。表面上看起來，月子餐沒吃是浪費，但事實上，經由這件事讓爸爸知道媽媽情緒不好，反而是幸運的，能夠盡快協助媽媽克服心理上的難題。

任何一個不如我們預期的經驗，一定有它發生的原因。想清楚這個階段的重點，嘗試怎麼做才能讓彼此互相支持、感覺不孤單，這是最重要的。

把握這一個月，多少做點自己喜歡的事——看看輕鬆的劇、準備未來的生活計畫，或是上個線上課程……。但切記，你的重點是好好休息、養好身子，如果因為追劇而影響到應該休息的時間，反而讓自己更疲累了。

總之，坐月子期間，不要只把重點放在寶寶身上，你可以做點自己喜歡的事，幫助自己放輕鬆，讓身心都能得到休養，才能迎戰把寶寶帶回家照顧的辛苦日子。

可以告訴我，寶寶為什麼一直哭嗎？

不管是生完孩子直接出院回家，或是到月子中心坐月子，我們最終都要帶著寶寶回家，靠著自己和另一半兩個人照顧寶寶。剛開始親自帶寶寶的朋友，往往會開玩笑說：「超級累，好想把孩子塞回肚子裡！」

帶過寶寶的人就知道，真的超級累。兩個半小時餵奶一次，常讓爸媽嚴重睡眠不足、眼圈發黑。我在上一本書《愛上當爸媽這件事》也曾提到，對睡到自然醒的日子一去不復返的那種感傷。睡眠不足、昏頭昏腦時，脾氣就容易暴躁，於是夫妻開始看對方不順眼。有時候一點點小事就會成為夫妻爭執的導火線，如果寶寶再哭個不停，爸媽的情緒就被推到了崩潰邊緣，此時該怎麼辦呢？

首先，讓我們先理解寶寶為什麼哭。因為寶寶的哭，是最讓新手爸媽頭痛又擔心的。到底，寶寶為什麼哭呢？

我常說，寶寶就像是剛來到地球的外星人，一直在適應中。其實，寶寶比外星人更容易受到這個新世界的驚嚇。不是只有環境的溫度或聲音，有時候連寶寶自己身體的一些生理反應也會嚇到自己。例如，肚子餓時胃緊縮了一下，他會感覺自己的胃被攻擊了而想要呼救；肚子脹氣時，他也會感覺到痛；更不用說想睡卻還睡不著的難過感覺，或是還想睡卻肚子餓了的感受……。別忘了，大人之所以可以平心靜氣看待，是因為我們已經很能適應身體的一些生理反應，知道自己的身體怎麼了，也知道如何求助。但是寶寶不會說話，也不知道如何表達。所以一開始，當這些生理狀況引起寶寶的生存焦慮而讓他感覺害怕時，就會大聲呼救！

專家說，當寶寶哭時，不一定是真的傷心或難受，而是在跟我們溝通——告訴我們，他正在發生些讓他不明白的經驗。因為不知道自己怎麼了，這些經驗會引發他的焦慮，所以他向爸媽呼救，讓爸媽確保他是安全的。

當然，很多爸媽可能也明白寶寶有話要說，只是苦於不會用別的方式表達。不過，因為爸媽日夜無休地照顧寶寶真的很累，所以在這個適應寶寶的初期，很容易會把孩子的哭解讀為是不是自己做得不夠好，惹得孩子抱怨或傷心了。

寶寶需要的，不是會讀心術的爸媽，而是願意不斷嘗試回應他需求的爸媽。對新生兒而言（指的是出生頭兩個月），他們需要爸媽無微不至的看顧，對他們情緒的持續猜測，這樣的敏感回應對寶寶來說非常重要！在最小、最脆弱的時候，孩子感覺得到我們一直在努力，努力提供溫暖和安全，並信任我們一定會來解救他，這對建立一個穩固的親子關係是必須的。

新生階段的寶寶很脆弱，所以孩子一哭我們就會很緊張，馬上想安撫他們。不過別擔心，隨著寶寶長到四、五個月大時，我們會因為每天相處，慢慢地學會分辨寶寶不同的哭聲，了解原來不是每種哭都攸關生死般緊急。於是，我們可以依照哭聲傳達的訊息，不用每次都緊張地跳起來馬上回應。這種延遲的調整，也讓寶寶在等待幾秒鐘的時間裡，去感知到自己的情緒，或是嘗試自己吃「雞腿」（吸吮自己的拇指）來安慰自己。

別擔心寶寶會像這樣一直依賴我們，發展心理學已經告訴我們，當寶寶一歲後，因為動作的獲得，他們會開始自主地去探索這個世界，所以我們對小寶寶全然依賴我們的階段，不用太緊張。

接受不完美，好好珍惜這些手忙腳亂

帶寶寶回家後的適應過程中，最重要的不是寶寶能否適應，而是爸媽能否適應。具體來說，就是爸媽是否知道怎麼表達愛、是否知道該給予什麼。

對於寶寶的全然依賴，我們是一點經驗都沒有，也因為是全新的體驗，很容易就會認為，一切應該以寶寶的需要為優先，要忘記自己的需要。但其實，要能夠好好照顧寶寶，主要照顧者的需要也應該被考慮進來。例如，如果是全職在家帶寶寶，媽媽是否有足夠的食物、能不能用最省事省時的方式加熱食物、有沒有幫手整理家務、能不能有點喘息的時間等等。

這個時候，另一半就相當重要，爸爸可以幫媽媽準備好她一整天需要的東西。建議以媽媽專注照顧小孩的一天來思考她的需要，例如準備餐盒，讓媽媽當天只要電鍋或微波爐加熱就好。這就是為什麼團隊感很重要，因為父母雙方一樣重要，媽媽要能穩定的照顧寶寶，就要有另外一雙手穩定的來支持她。當然這雙手可以是爸爸，也可以是夫妻雙方的父母親，或其他可以信任的長輩，甚至是保母等等。

在其他人的支持下，當媽媽成為主要帶養者時，她們能不能適應「所有自己的事都必須等一等」的情況呢？

今天天氣很好，好想打扮漂亮與另一半去約會，可是要照顧寶寶……

我好想睡到自然醒，可是不行，我要起來餵寶寶。

我餓了，可是必須先餵寶寶。

這些都得等一等，而且不是等一下下，而是接下來好長一段時間都必須等一等、再等一等。所有關於自己的享受、給予自己的犒賞都得延後，而這樣的延後，對有些爸媽來說，是進到育兒階段自然產生的一種本能，很自然地就做得到，但對有些人卻是一種必要的學習，需要從跟伴侶的互動與摸索中逐漸調整。不管是本能或學習，我認為父母心裡怎麼解讀這樣的等待，會影響他們怎麼看待寶寶，同時也會影響寶寶怎樣看待父母。

我自己是這樣想的：親子之愛是我能經驗到的最偉大的愛，而把孩子的需要擺在前面的情況，也並非永遠如此（例如孩子上高中後可以自理了，夫妻就能隨時安排個兩天一夜的小旅行）。正因為不是自此以後都必須以孩子為優先，所以我更想珍惜這個機會，好好體驗這種偉大、無私的愛。更妙的是，為人父母的自覺也是需要時間培養的，不是孩子呱呱墜地後，我們就可以馬上進入爸媽的角色，擁有當好爸媽的自信。

這邊要分享我自己的一個例子。我生老大時住在美國，媽媽特地來美國幫我坐月子，等她回去後，我一直很想回台灣，於是跟先生商量後，決定自己一個人帶寶寶飛回台灣。那時我的寶寶大約四個月大，航空公司給了我可以放寶寶籃子的座位，上飛機時我看了一下，發現我是機艙中唯一帶寶寶的媽媽。

長達十幾個小時的飛行途中，我只有一個人沒有幫手，不知不覺中睡著了。恍惚中聽到了嬰兒的哭聲，我心想：「天啊！是誰家的寶寶在哭？行行好，趕快抱起來安撫一下吧……」然後下一秒，才突然驚覺我是整個機艙唯一帶寶寶的媽媽，睜眼一看，真的是我的寶寶在哭。當時真的滿心愧疚，感覺對寶寶、對其他乘客都非常不好意思。

我馬上抱起寶寶安撫，為了怕吵到其他人，我還抱著她走來走去，讓哭聲可以緩一緩。因為爸媽自覺需要為孩子負責，所以當寶寶在外面哭了，總讓我們特別緊張，若真的無法馬上安撫，就盡量把寶寶帶到僻靜一點的角落，多少能減輕自己的社會焦慮。

你看，連我這個所謂的嬰幼兒心智健康治療師都會發生這種糗事，所以真的要給自己時間去適應這個新角色。允許自己的不完美，並且看得到自己持續的努力。

把握兩個關鍵時刻，給孩子愛與溫暖

很多人可能聽過，發展心理學家在六〇年代進行的「恆河猴實驗」。這個實驗把剛出生的幼猴帶離母猴身邊，關到籠子裡。籠子裡有兩個鐵絲做成的猴媽媽，一個有皮毛、戴著可怕的面具，另一個有奶水、身上纏著尖銳的鐵絲。猜猜看，小猴子進去後，會靠近哪一隻母猴？

出乎大家意料的，是有皮毛、戴著可怕面具的猴媽媽。只有當幼猴餓到受不了時，才會爬到有奶水的鐵絲猴媽媽那邊喝幾口奶，接著又會趕快離開。這個實驗讓我們知道，對寶寶而言，他們的成長固然需要奶水，但更需要的是撫慰和安全感。

接下來的章節我將告訴你，除了餵寶寶喝奶、換尿布，還能做什麼讓寶寶感受到愛。

我想給大家一個很簡單的方法：好好利用以下兩個時刻，這兩個時刻最能用來培養親子感情。

1　趁寶寶吃飽睡飽的清醒時刻，好好與他互動。

寶寶吃飽睡飽後，會對周遭感到好奇，這個時刻可以用溫暖的眼神看著寶寶，與他說說話或做點親子活動，例如拉拉他的小手小腳，或是拿著寶寶布書跟他一起觸摸或互動。兩個月大的寶寶會因為我們的帶養，發展出有社交意義的笑容，意思是他開始會注視著我們，露出讓我們融化的可愛笑容，希望我們繼續跟他互動，確保他能夠接收到更多的溫暖與關愛。所以趁著寶寶清醒時多跟他玩，可以傳達溫暖的情感給孩子。

2 當寶寶哭時，好好撫慰他。

這個時刻，很多父母都會緊鎖著眉頭。之前提過，寶寶哭鬧是在試著告訴我們他感覺不安全，或有某些需求需要被滿足。此時爸媽回應時所傳達的同理心或是關愛，會透過抱孩子的手勢、回應的語氣或看孩子的表情和眼神，讓寶寶感受到。

有位學者說過：「孩子需要愛，尤其是在他們不值得愛的時候。」也就是在這些沒有人會愛他們的時刻，我們還願意在他們旁邊，讓他們感受到爸媽的獨特，因為任何人都可以幫忙餵奶、換尿布，但是只有爸媽願意在每天的生活中接住寶寶的哭鬧情緒，於是孩子感覺到他是被愛的，從而開始建立安全感。

心平氣和，同理寶寶的哭

寶寶哭的原因比我們所能想像的還要多。了解寶寶哭的可能原因，就能對寶寶的哭有同理心，也更能夠有耐心地回應寶寶。

首先，出生後一個月內，寶寶的許多身體機能都還在發展中，當經驗到身體的反應時（尤其是以前在媽媽肚子裡沒有遇過的陌生體驗），寶寶就會被嚇到或覺得害怕，因此會以哭來呼救。

這個階段的寶寶想表達自己的不適情緒時，只有一招——哭。也許你可以想像一下，如果你是寶寶，身體在成長中如果有不舒服或受到驚嚇，卻無法也不知道如何表達出來時，你是不是也會感覺好難、好可怕、好挫折？

所以對寶寶的哭，我們要體諒：這是寶寶唯一的表達方式。

理解寶寶哭是正常的，是件很重要的事。歐洲有研究顯示，就算不是自己的寶寶，在密閉空間聽著寶寶連續哭二十分鐘，所有大人的腎上腺素都會被激發，而出現一種戰或逃的危機反應。

因此，我們有時會對寶寶的哭感到不耐煩或生氣，希望他趕快停止哭鬧，這是很正常的反應。這些不耐煩的感覺不會把我們變成壞爸媽，這只是當下的感受而已。

如果覺察到自己對寶寶的哭鬧開始產生不耐煩或生氣的情緒，可以試試以下步驟：

1將寶寶放在安全的地方，例如嬰兒床。

2讓自己稍微離開寶寶身邊片刻，深呼吸幾次整理一下情緒，調整轉換自己的心情。

3感覺到心緒平和了，再回去繼續安撫。

要了解，穩定自己的情緒是非常重要的。寶寶很依賴照顧者跟他一起共同調節情緒，這也是為什麼我在這本書裡，很強調爸媽情緒的重要性。

爸媽的心緒穩定，就能在寶寶哭鬧時耐心安撫。當寶寶感覺到安全，就能夠更快平靜下來。

超有效五招：包、搖、吸、側、噓

以前我在美國工作時，常用「三三三原則」來判斷寶寶是否真的屬於較特別的「哭鬧寶寶」。所謂「三三三原則」，指的是：

每天哭鬧總和超過三小時
每週至少三天
持續三週以上

如果家有哭鬧寶寶，互動時可以盡量減低刺激的量，例如運用美國小兒科醫師卡爾普（Harvey Karp）的五個S妙招，幫助寶寶憶起以前在媽媽子宮裡的記憶，這幾招對於滿四個月之前的寶寶很管用。這五個S是：

1 用包巾（Swaddling）：使用包巾包裹寶寶，但不要一整天都裹著，或讓他們過熱不舒服。卡爾普醫師說包裹寶寶後，再進行下面四個安撫方式會更有幫助。

2 抱著搖（Swinging）：通常抱著搖，寶寶會覺得很舒服，但是對一個正在哭的寶寶，快一點的搖動有時會更有幫助。記得要支撐好寶寶的頸部，然後另一手托住他的屁股，快速、小範圍（大概三公分的小範圍）地來回搖晃寶寶的身體。如果不確定怎麼做，可上You-tube搜尋卡爾普醫師的影片。

3 吸吮（Sucking）：讓寶寶有奶嘴可以吸，吸吮讓寶寶有喝奶的感受，可以幫助放鬆。

4 側抱（Side or Stomach position）：寶寶睡覺時，仰躺是最安全的，但要安撫寶寶時卻不太有幫助。此時，可以試試讓寶寶側躺在爸媽懷中，或是抱高一點，讓他的胃頂著爸媽的肩膀。

5 噓噓聲（Shushing）：爸媽可以在抱著寶寶時，在他耳邊規律地發出「噓噓」的聲音。這種規律、無意義的聲音，能夠讓寶寶回想起待在子宮時聽到的熟悉聲音——媽媽身上大聲又規律的血液流動聲。

寶寶在想什麼？百分之四十的爸媽都猜錯

在安撫過程中，我們會發現每個寶寶對於被安撫的反應，可能不一樣。有的寶寶喜歡被爸媽抱著，有的喜歡聽自己常聽的兒歌，有的喜歡被抱著走來走去，有的喜歡被按摩手腳……，這些都是不同的安撫方式，我們可以一一嘗試各種做法，觀察看看哪種方式可以讓寶寶更快停止哭鬧，代表這就是寶寶偏好的安撫方式。

我們還要調整自己的期待。如上所說，寶寶只會用哭來溝通，而寶寶有些需要是我們觀察不出來或想像不到的，因此一定會有安撫不了的時候。當我們覺得自己使盡了渾身解數，但寶寶還是安靜不下來時，要安慰自己已經盡力了，然後把寶寶放在小床上只用手撫摸他，或是換人上場幫忙安撫，這些做法可能會有幫助。不要給自己太大的壓力，記住寶寶也是獨一無二的個體，雖然先前在我們肚子裡待了十個月，但他也有自己獨特的心性，如果安撫不順利，不要覺得沮喪，先讓自己平穩下來，然後再繼續安撫。謹記一點，我們不需要是完美的爸媽！

之前曾談到發展心理學的一個發現：在一開始的帶養，媽媽是用右腦對右腦的連結模式來回應寶寶的。我們知道右腦主要掌管的是情感、直覺、創意、第六感等等能力，或許這也可以解釋為什麼有時候我們會經驗到「母子連心」或「父女連心」的情況。

也就是說，在日常照顧中，很多時候我們是依照當下直覺來回應寶寶的。只要在過程中維持一定的覺察能力，不要讓自己情緒暴走造成傷害，未必需要一個合乎邏輯的標準作業程序（SOP），也不一定要照誰的想法來做。

那麼，要用什麼心態面對寶寶的哭鬧呢？爸媽當然沒有讀心術，不可能每一次都猜對寶寶為什麼哭，然後解救他。不過還好，寶寶需要的是爸媽在猜錯時仍然不氣餒，願意再接再厲去猜寶寶需要什麼，繼續安撫。所以爸媽可以調整自己的心態——我不一定能猜對寶寶要什麼，所以我的安撫不見得馬上就見效，但沒有關係，寶寶需要的是我繼續有耐心地安撫。

有研究顯示，新手爸媽在寶寶哭的時候，嘗試猜測寶寶的需要，居然有百分之四十是猜錯的。關於安全依附關係的研究甚至發現，當寶寶哭時，新手爸媽十次只要猜對四次，就能夠建立起安全的依附關係。很令人震驚吧，原來寶寶的容忍度這麼大。其實研究還發現，重點不是當寶寶哭時可以精準猜對他發生了什麼事，而是即使孩子沒有停止哭，爸媽還是願意持續安撫孩子。也就是說，**持續的安撫**可以建立起好的依附關係。

有些爸媽在面對寶寶的情緒時，看起來不慌不亂、胸有成竹，一副很確定寶寶想要什麼的樣子，但其實他們一開始與寶寶相處時，也經歷過手忙腳亂的過程。因此，如果無法在第一時間安撫寶寶，千萬別氣餒，反而要鼓勵自己繼續去猜測寶寶要的是什麼。

如果安撫的過程中，自己的情緒也開始浮躁起來，一定要記得先把寶寶放在安全的地方，讓自己喘口氣，做完幾個深呼吸回復平靜後，再回去繼續面對哭鬧的寶寶。

爸媽願意繼續安撫的處理方式，讓寶寶從中經驗到父母是愛自己的、可以信任的，並相信自己有危機時，爸媽一直都會在。

互動中提供刺激，幫助寶寶神經元連結與身心發展

等到寶寶終於不哭了，如果他沒有累到睡著，這時候可以跟他說說話或陪他一起玩。當寶寶被安撫時，在心理上能夠感覺到爸媽的愛，而跟他互動則能夠提供刺激，幫助寶寶神經元的連結與身心的發展。

不要擔心不知道如何跟寶寶互動。互動就是把寶寶當作一個小小人，不管用什麼方式，最重要的是親子雙方都可以享受這個當下，你可以沉浸在互動時孩子可愛的樣子。我想跟你分享以下的做法：

1用說話來互動。如果孩子發出了一個寶寶音，可以把它當成是有意義的溝通，繼續跟寶寶說話。跟寶寶說話時，可以告訴寶寶我們現在一起在做什麼，或是發揮創意編些想像的情節。在這個階段，當然不是藉由話語的「內容」在溝通，而是以爸媽的語調、輕鬆陪玩的

態度，來吸引寶寶的注意力，讓寶寶感覺有趣及溫暖。

2 以視覺＋陳述來互動。滿一個月後的寶寶，因為視神經比較成熟了，可以提供顏色鮮豔與不同材質的玩具。尤其是當寶寶的手可以張開時，就是開始要發展抓握能力了，此時可以把玩具輕輕放在孩子手上讓他體驗，同時試著以他的角度描述他的經驗，例如「哇，這個搖鈴有點重喔」。

3 視覺、觸覺與陳述。如果想跟寶寶一起看寶寶布書，可以用好玩或稍稍高頻的語調來跟寶寶敘述故事，甚至是抓起寶寶的手讓他碰觸書中不同觸感的部分，然後觀察寶寶的表情，用誇張的方式來形容他的感覺，例如「松鼠的尾巴毛茸茸的好舒服喔」。研究顯示，寶寶的大腦更容易區辨較高頻的語調，對於幫助寶寶理解語言有很大的幫助。

4 以活動方式來互動。可以輕拉寶寶的小手、跟他拍拍手、抬起他的雙腿做空中腳踏車運動，或是對著寶寶做各種好玩的表情。有時候，也可以在寶寶仰躺時，讓他看看我們拿的玩具一邊跟他說話。大一點的寶寶，會興奮地表達情緒，例如一起躺著看故事書時，我們好玩的語氣會讓寶寶激動地踢著小胖腿。像這種與爸媽的同步經驗，對於寶寶的各個系統發展都非常有幫助。

與寶寶來來回回的肢體互動、抱著寶寶時給予的安全感、看著寶寶的溫柔眼神交流，或是與寶寶動動手腳一起玩時的好玩表情等回應，都會讓寶寶感覺到你們是「一直在一起的」，讓寶寶感覺到我們對他的愛。

你也許會問：「一直這樣互動，寶寶不會煩嗎？就算孩子不煩，我們也會覺得煩，怎麼辦？」還記得之前說過的嗎？帶養本來就沒有標準答案，所以沒有一定非怎樣不可。在互動中，親子雙方感受到的真情實意，才是最重要的，如果覺得很累、沒有耐心或沒有心情時，就不用勉強自己跟寶寶說話或互動。你對孩子的愛不在於這一時片刻的陪伴，至少還有十八年的功課我們要一面做一面學，所以真的不用急於一時。

記得先照顧自己的需要。身體疲累時，不要去管家裡有多亂，先陪寶寶一起睡個午覺吧！至於寶寶會不會煩，當然有可能，他也會有「玩夠了，我不想繼續」的感受，聰明的寶寶會很清楚地讓你知道。當寶寶覺得不想繼續玩時，通常會移開眼神或轉頭，大一點的寶寶甚至會把身體轉向。讀懂寶寶的肢體訊號，尊重寶寶的需要，並允許寶寶在互動中休息，可以幫助親子之間建立默契，這是你們之間獨特又親密的情感連結。

第3部

建立帶養團隊

以溝通、尊重、理解，培養神隊友

在帶養寶寶的辛苦裡，體諒彼此

帶寶寶很辛苦，除了必須將寶寶的需要排在自己的需求之前，新手爸媽另一個最常有的感受，就是無止境的「焦慮」——幫寶寶洗澡時，會不會失手讓他滑下去撞到頭？帶寶寶出門，會不會把孩子搞丟了？外面病菌多，帶寶寶出門會不會害他生病？

這些焦慮，是因為我們在身為爸媽的自覺中開始蛻變，成為敏銳感知寶寶所需的那種爸媽——寶寶越小越脆弱，我們就會越敏感。可以想見，隨著寶寶逐漸長大、越來越強壯，這樣的焦慮也會隨著每個階段的發展，而有不同的演化。例如，寶寶八、九個月大開始邊爬邊好奇探索時，我們會擔心他不小心受傷，因此亦步亦趨的緊跟著孩子。

這看似永無止境的焦慮，其實有積極的意義——它讓我們更敏銳地偵測到寶寶的需要，以便即時回應與照顧，所以這種焦慮也代表我們對寶寶的在乎與關愛。

但是，如果焦慮大到導致我們身心疲憊，該怎麼辦？

我想，除了這本書裡談到的轉念與自我調適之外，另一個重要的方法，就是建立一個互相支持的「帶養團隊」。如果完全只靠一個人照顧寶寶、對寶寶完全負責，那真的是太辛苦了！

在一般狀況下，我想大多數的爸爸媽媽都有另一半可以幫忙，只要協調好如何分工就行。如果是單親爸媽，則可以請家人或專業照顧者協助。例如，可以與另一半或家人討論如何輪班照顧，晚上也可以分成上半夜和下半夜輪值，讓夫妻兩人至少都可以睡足四、五個小時。單親又沒有家人能幫忙的人，如果經濟能力許可，白天可以把小孩送托育或請保母；倘若經濟能力不佳，或許可以偶爾請求朋友的陪伴或協助。

不過請記住，就帶養來說，沒有「誰」一定要怎麼做，也沒有「什麼事」非做不可。身為爸媽，比較理想的心態應該是：**讓我們一起先試試不同的方法，看哪種方式比較合適，邊試邊調整**。

此外，也請不要陷入「我做得比你多」、「你不是好隊友」這種責怪對方的想法，因為抱怨往往會導致互相指責，很容易磨損夫妻的感情。相信我，寶寶絕對不會喜歡自己成為爸媽吵架的原因。

團隊合作，最需要的是相互體諒。怎麼做呢？以我自己為例：當先生上了一天班回到家時，我不會急著把孩子丟給他，而是先讓先生好好洗澡吃飯。等他吃完飯後，也會體貼我一整天的辛苦，馬上接手照顧孩子，讓我也能好好的洗個澡放鬆一下。像這樣不急著催促對方接手的貼心安排，能讓彼此都感受到相互支持的心意。

有些家庭是很傳統的男主外、女主內，先生可能會覺得自己負責賺錢養家就夠累了，希望太太可以全責帶孩子。這樣的家庭價值觀也許有其存在的道理，不過我還是要提醒視情況調整的重要性，因為這是當初在「還不知道照顧孩子有多累」的情況下，所做的決定，一旦遇到孩子比較難帶（例如長牙不舒服、容易哭鬧，或身體有狀況），或是媽媽已經疲累不堪的情況，當然還是需要爸爸的協助。

更重要的是，寶寶也需要認識自己的爸爸。透過爸爸參與的過程，寶寶認識了爸爸的味道、爸爸的聲音、爸爸的樣子，以及爸爸抱自己的感覺……，這些都豐富了寶寶的經驗。爸爸與寶寶互動的方式可能與媽媽不同，這也會促進寶寶多元發展的層次。

有研究指出，爸爸參與育兒的過程，大腦會分泌更多的「抱抱荷爾蒙」催產素（oxytocin），讓爸爸更容易與寶寶建立感情，也讓爸爸在過程中產生更多的幸福感。所以爸爸的參與不只表達了對媽媽的支持、有助於寶寶的發展，爸爸自己也會因為抱抱荷爾蒙的分泌，變得更快樂、更有幸福感喔！

鼓勵另一半，摸索屬於他的親子關係

還有一種常見的摩擦，發生在媽媽是主要帶養者，但需要委託爸爸接手幫忙時。有時候，照顧寶寶已經熟練的媽媽，在看到另一半帶養孩子手忙腳亂的樣子時，會很焦急、很有意見，會忍不住想糾正他，或告訴他應該怎麼做。

在這個過程中，由於媽媽口氣很急，容易讓爸爸感覺被指責，覺得太太嫌棄自己做得不夠好，往往因此擦槍走火而引發衝突。

我想對媽媽說的是：放手讓爸爸自己摸索，讓他在過程中累積陪伴寶寶的心得，建立屬於自己與孩子的父子關係。爸爸與媽媽的帶養方法本來就不需要一樣，正因為不一樣，反而能夠增加孩子的韌性，幫助寶寶學習用不同方式回應。

所以，放手讓爸爸試試吧！當然，我也想對爸爸說，媽媽只是心急，想分享怎麼做比較有助於孩子安穩下來，讓爸爸輕鬆點，不見得是批判或指責。如果真的感覺到指責的口吻，會不會是因為她很在意要「正確」的帶小孩？雖然口氣讓人不舒服，但她的初衷是認真想照顧好孩子，其實兩個人的意圖都是好的。

看清楚彼此好的意圖，學習相互尊重，才能形成一個美好的帶養團隊！

當爸媽逐漸建立起良好的默契與互動後，雖然照顧孩子的疲累還是免不了，卻不再隨便發脾氣，家中的氛圍自然能維持平和。這樣的氛圍當然更能夠調節寶寶的情緒，幫助寶寶建立穩固的安全感。一旦寶寶知道哭會有人回應，就不用每次都哇哇大哭了！

分工時，該注意哪些重點？

帶新生兒回家後，家裡通常會面臨一段時間的震盪和混亂。不同於在月子中心有人幫忙照顧孩子，很多爸媽光是要弄清楚孩子需要什麼就傷透了腦筋，根本沒辦法好好休息。

這種疲累與混亂，常會讓爸媽感覺很崩潰或挫折，覺得自己沒做好。此時無可避免的，很容易會把某些情緒丟給另一半，有時是抱怨，有時是強烈的互相指責，彷彿瞬間成了彼此的豬隊友。

然而，在寶寶剛回家的這段期間，你和另一半的通力合作是非常重要的。如果兩人能在過程中培養出良好默契，不但對寶寶的成長有幫助，也能增進夫妻之間的情感。那麼，到底跟隊友之間應該怎樣合作呢？

首先，一定要講清楚兩人「分工」的方式，絕不可「順其自然」。

我在輔導準爸媽的過程中，常聽到「順其自然」、「船到橋頭自然直」這樣的話。說這種話的爸媽認為，對於如何照顧寶寶，等孩子出生後，只要摸索一陣子自然就可順利找到方法。

一切能這麼順利當然很好，但很遺憾的，等孩子出生之後，辛苦陪伴、睡眠不足的情況，往往很容易讓人產生情緒，從而衍生出一連串的家庭問題。

怎麼做，可以變成彼此的神隊友呢？

一、溝通

溝通的目的，是為了能夠互相體諒、願意彼此理解，而不是讓對方感覺被攻擊喔。如果兩人都秉持同樣的想法：「**我們的共同目標，就是為寶寶好、為這個家好，只是做法可能不一樣。**」爭執就會少很多。記得提醒自己：我們目標一致，只是做法不同。

溝通時，記得提醒自己不要直接說「你都這樣……」或「你從來不會主動幫忙……」之類的話。以「你」為開頭的句子，很容易讓對方感覺到被指責。一旦感覺被指責或被命令時，一般人的當下反應都想要辯解或反擊，溝通很容易就會失焦。要知道，抱怨是沒有幫助的，對話時最好能夠以「我」開場。你可以這樣表達：「我想拜託你幫忙」，而不是「你為什麼不幫我」。或是用假設性的語氣，例如「如果可以，請幫我……我會很感謝」，相較於直接下指令的「你快點去……」，是不是聽起來舒服多了？

二、尊重

尊重，指的是接受另一半摸索屬於他跟孩子之間的親子關係。

這說起來簡單，其實需要很高的情商管理。比方說，當你看到對方照顧寶寶的方式有誤，你要學習控制自己的不滿或不耐煩，除非是不當管教孩子，不然別急著下指導棋，因為對方正在摸索屬於他自己的親子關係。或許他的方式跟你不同，但你的方式也不一定是寶寶唯一需要的方式。

有一對夫妻告訴我，他們有一次吵架的原因，是爸爸覺得出門前應該要一手提嬰兒提籃，另一手提尿布包，媽媽就不用跑兩趟，比較不累。但是媽媽看法不同，覺得嬰兒提籃要雙手提著才安全，擔心手上拿太多東西反而危險，所以堅持要多跑一趟（你看，是不是很細微的小事）。

這兩個想法各有道理，所以該怎麼辦？

很簡單：如果是媽媽一個人帶寶寶出門，爸爸要尊重媽媽的做法。如果夫妻兩人一起出門，媽媽也要能看出爸爸的提議是基於好意。或許這樣一來，雙方就不用為此起爭執了。

三、分享

比起吵架、衝突，平順的時刻更值得珍惜，也更能讓我們感覺到溫暖。因此只要有機會，可以試著多分享彼此的照顧心得，包括你觀察到對方值得稱許的地方。例如，「當我（你）這樣做的時候，孩子好像反應不錯。」不過要記得，請避免在有時間壓力的情況下進行對話，因為壓迫感容易讓人心煩氣躁。

四、理解

有時候，爭執起因於彼此成長環境的差異，而溝通時，我們很容易讓原本內化的家庭模式跑出來。例如，剛下班回來的另一半指正我們帶孩子的方式，讓我們很惱火（心裡OS：難道你會比我更懂孩子？），或是不管下班回來幾點了，硬是要跟寶寶玩，打亂寶寶的作息，等到寶寶哭了，哄不停時還對寶寶生氣，媽媽看了也一把火。

在生氣的時候，切記不要急著跟對方理論，因為生氣時講出來的話都很傷人，很容易就會磨損彼此的感情。

可以的話，請仔細想想，那些「指正」或「打斷」的背後，其實是對方想盡點心力的意圖。意圖本身是好的，只是對方的表達方式讓我們感覺不舒服，所以維持兩人情感的重點，是要認出他良善的意圖，並在溝通時，從這些好的意圖出發，例如：「我知道你剛剛指正我，是希望更順利……」

許多媽媽常覺得另一半無法好好幫忙，其實是因為比起爸爸，媽媽真的更容易與寶寶建立情感連結。不管是懷胎、生產或餵奶，媽媽跟寶寶身體連結的互動經驗，讓媽媽的抱抱賀爾蒙（催產素）提升，促進了媽媽跟寶寶的依附情感。相形之下，爸爸就少了這些體驗。但前面提過，爸爸在育兒過程參與越多，腦部會分泌越多的催產素，和寶寶就會越親密，自己也會感覺越幸福。所以，我們真的要鼓勵爸爸多多參與照顧孩子。

如果是因為另一半沒能好好幫忙而生氣，請參考之前提到的溝通技巧，在不是很急迫之前就表達「我需要你等一下幫寶寶做……」，或是以孩子的角度說：「爸爸，可以拜託你幫我換一下尿布嗎？」像這樣事先溝通或是以寶寶角度來請求，相信另一半一定更願意接受。當然，我們也希望爸爸在越來越多的參與之後，開始認領自己可以協助的工作，兩人一起經歷育兒過程。

寶寶出生後，兩人感情變了，怎麼辦？

因為相愛，我們組成了一個家，因為想要小孩，我們成為了爸媽，但有了寶寶之後，或許是因為帶養辛苦，讓彼此的壓力變大，或是角色適應困難，很多夫妻會覺得彼此之間的感情似乎變了。我們總忍不住會想，另一半除了顧小孩，是否還像以前一樣愛自己？

其實不只是媽媽，爸爸也同樣受到這個變化的衝擊。最近有一對夫妻帶著寶寶來找我諮詢，爸爸坦承自己感覺越來越像路人，老婆的態度與以前截然不同，不再對他噓寒問暖。而媽媽則表示，自己照顧孩子都來不及了，真的無暇顧及先生的感受，她需要的是伴侶，而不是另一個孩子。她也期待爸爸可以支持她，失望之餘才會忍不住生氣，雙方都陷入受傷或挫折的感覺。到底要怎麼做，才能維繫兩個人的感情呢？

一、別因為關注孩子，忽略了另一半的感受

在伴侶的互動中，會讓人生氣或覺得受傷，多半是因為感覺自己被忽略或不被在乎。

由於寶寶二十四小時需求不斷，自然讓主要照顧者把全副心力都放在孩子身上，這時另一半有可能覺得被忽略、感受不到愛，於是委屈、生氣、受傷、埋怨等情緒就出現了。有這些感受是很正常的，因為就算當了爸媽、開始學著無條件給予愛，我們內在還是會渴望被愛、被照顧，所以當這些情緒出現時，告訴自己有這些感受沒關係，重要的是，接下來如何向對方表達，透過溝通去協調自己的需求。

此外，在有機會思考時（例如寶寶喝奶很順利，或白天寶寶睡覺時），可以花點時間回想對方以前是如何讓自己感受到被愛，然後想想為什麼現在會不一樣了，試著理解對方和自己在這調適過程中的轉變。

當然，更重要的是，在跟另一半分享自己的感受時，不要用抱怨或攻擊的方式。前面提過，攻擊或抱怨會讓人不舒服，對方只會忙著反擊或逃避，根本不會好好聽你說。或許比較好的表達方式可以像這樣：「照顧孩子讓我們都很累，我有時候很想念……」

二、保持身體的親密接觸

對身體的親密需求，在這個階段也容易出現夫妻不同調的情況。夫妻親密性高潮時，大腦會分泌催產素。催產素是有名的「抱抱賀爾蒙」，讓我們感覺到愛與溫暖的連結，也讓我們感覺愉悅與幸福。說來你也許會訝異，媽媽在泌乳哺育寶寶時，腦中的催產素會升高，原本要透過親密關係才能感覺到的愉悅，在哺育過程中也可得到，於是對媽媽來說，跟伴侶親密好像也就沒那麼重要了。

然而男性不會泌乳，無法透過哺餵寶寶的過程得到類似的愉悅感，一旦面對因疲累不堪而拒絕自己的太太，渴望被關注或是滿足的心情可能會很受挫。當先生渴望兩人親密性生活，而太太因為照顧孩子，不能像以前馬上親吻擁抱或是愛撫對方時，或許可以換成小小的動作，比如一個理解、會意的眼神，或是摸摸頭、一個擁抱，這些小小的身體接觸都能傳達親密感，即使不是性行為帶來的那種愉悅，卻也能讓對方感受到關懷。

三、觀察對方，是否隱藏著挫折感？

有時候，有的爸爸會以隱微的方式面對這些挫折：對寶寶隱約的嫉妒感、感覺被老婆排拒在外的受傷感，或是生氣對方不再關注自己的受挫感。這些都可能讓他們變得易怒，並且為了不再感到受傷而開始疏離另一半，轉而沉浸到自己的電玩世界，或是加班到更晚才回家，甚至開始用吃的方式來安慰自己等等。如果另一半出現上述情況，或許是他在這個適應過程中遭受了挫折，但不知如何表達，可能需要跟他好好聊聊。溝通時，若能從表達需要對方、感謝對方的角度出發，對夫妻之間的互動會有很大的幫助。

畢竟，在育兒這條路上，婚姻和諧非常重要。感情穩定、互動平順的夫妻共同養育出的孩子，會更容易發展出良好的未來，因為孩子是在情緒穩定的家庭環境中成長的。

四、持續關注對方的愛之語言

已經翻譯成四十九種語言的《愛之語》（*The Five Love Languages*）一書提到，在愛情裡，每個人對於如何感受到被愛，有不同的偏好。如果雙方都能了解彼此的偏好，就會知道透過什麼樣的方式，可以讓對方感覺到愛。書中所謂的「愛之語」包括了：

1肯定的語言，例如常說「我愛你」。

2分享的活動，例如兩個人一起精心策畫的旅行。

3禮物，例如為對方準備小小的驚喜。

4為對方服務的實質行動，例如分擔家務。
5身體的親密接觸，例如擁抱或是性的交流。

想想看，在這五種類型中你偏好哪一種，然後讓另一半知道。

在尿布奶瓶的日常中，如果能呼應對方的愛之語，讓彼此從互動中體會到愛與被愛，是非常重要的。如果對方的愛之語是「行動」，那麼幫對方多做些什麼就能讓情感增溫。如果對方的愛之語是「肯定的語言」，不妨邊照顧寶寶邊聊天，以真誠溫暖的話語交流，或甚至只是簡單的表達感謝，都會有所幫助。

不要忘了，寶寶的到來，是因為當初你們相愛、想要有個幸福的家庭。為了照顧、安撫寶寶，兩個人不是劍拔弩張，就是感到委屈受傷，這絕不是你們原本共組家庭的初衷。因此，提醒自己重新去感受彼此發自內心的愛吧。

在育兒路上持續感受到互相支持的心意，就能在疲累中甘之如飴，在辛苦中心懷感謝，彼此都能感覺到幸福家庭的意義。

與長輩共處，要懂得滾動式修正

常有人說，結婚不只是兩個人的事，而是兩家人的事。其實不只結婚，生孩子也是。如果再加上是整個家族第一次迎接第三代，那麼新手父母承受來自長輩的關心可能還會更多。

很可能打從一懷孕，長輩就會給許多意見或叮嚀，有時過多的關切會讓夫妻兩人備感壓力。相反的，也有的長輩對孫子即將到來反應冷淡或漠不關心。有些長輩只在意自己的生活，早早就撂話不會幫忙照顧孩子，這樣畫清界線的反應，也可能讓準爸媽感到不開心。

所以，接下來我想談談如何與長輩共組帶養孩子的團隊。如果你跟爸媽、公婆都沒有上述這些困擾，或是你與長輩的關係一向很好，他們既不會過分干涉也不會淡漠不理，那我要恭喜你，他們會是你很大的助力，而且有了長輩的參與，孩子會擁有更多的愛，過得更幸福。

如果你目前是跟長輩一起帶養孩子，或是在帶養過程中與長輩有溝通上的困難，希望以下的分享能幫助到你。

首先，要懂得「滾動式修正」與長輩的互動關係。

在結婚之初，我也曾經歷過與公婆的磨合期：不太能理解他們的邏輯，但又希望他們可以喜歡我，為此還掙扎過一陣子。當時我最好的朋友告訴我：「我從不預設也不期待公婆一定要喜歡我，因為我對他們來說就是個陌生人。」她的話如同當頭棒喝，讓我開始反思自己是否對他們懷抱著不切實際的期待——期待他們喜歡我，可以像自己的爸媽一樣溫暖。這才發現，很多時候在跟公婆的互動中會覺得受傷，並不是因為他們做或沒做什麼，而是因為自己對他們有過高的期待。

說實話，就像我們希望受到尊重，長輩也有自己的想法以及理想的退休生活。他們辛苦了大半輩子，想過什麼樣的老後生活是值得被尊重的。如果在互動中發生讓我們不舒服的狀況，不妨換個角度想，這其中是否涉及不同的成長及時代背景的影響？

我這麼說，並不是要你委屈自己接受他們。成長背景不同會導致想法各異，這樣的差異本來就沒有誰對誰錯。

我自己的體會是，跟長輩相處時，「對或錯」好像不是最重要的，如何在種種差異中，找到可以和平相處的方法，才是重點。比方說，我們在傾聽他們時，無須完全認同他們的行為或想法，如果有無法贊同的部分，就當作是了解對方的資訊即可，告訴自己這就是為什麼對方跟自己不一樣。

其實不一定是年輕一輩有想法，長輩對於自己要進入新的角色也會有不同想法。曾經聽過家族一位長輩開玩笑說自己這麼老了，只剩下三個功能：「在家煮飯、幫忙帶孫子跟等死。」雖然她是笑笑的說，但我相信她心裡是有點酸澀的。無論長輩如何認定自己的角色，他們的確沒有義務幫忙帶孫子，畢竟他們已經當過父母了，更何況孩子是我們自己的！

所以，不要一懷孕就期待長輩一定要對我們好、對孫子付出。我們越能放掉期待，就越不容易生氣或覺得受傷。此外，不妨捫心自問，自己對長輩的期待是否只站在對自己有利的角度，並沒有替他們想。

有時在網路的靠北版，會看到一些年輕爸媽的抱怨，抱怨公婆不照自己的方式帶小孩、抱怨公婆很難溝通等等。其實願意幫忙帶孩子，對長輩來說，也是一個未知的旅程。不管他們年輕時有沒有親自帶養過孩子（就算有，那也是幾十年前的事了），長輩的想法和體力都不同於以往，他們也需要摸索、也會犯錯，所以不要太嚴苛地對待長輩。彼此多些體諒，讓相處多些溫暖。

如果共同帶孩子，是我們與長輩一致的決定，有沒有可能在一開始時就達成以下共識：用「滾動式修正」來促進帶養團隊的合作？「我們這些大人一起來搞定這個娃」，有這樣的氛圍很重要。在我孩子還小的時候，我媽媽來幫我帶孩子，她常常會說：「咱們來看他肯或不肯！」我很喜歡這句話，因為是咱們來試試看，一起看看孩子願不願意接受。在這個過程中，祖孫三代都被允許嘗試與不確定，孫子的自主表達也會被考慮進來。

請長輩幫忙帶孩子時，別忘了也要對長輩付出關懷，至少要確保他們不會因為帶孫子太累，把身體搞壞。相互體諒與疼惜，才能讓帶養團隊更有凝聚力。

萬一長輩完全不想幫忙，只想專注過自己的退休生活，我們也應該尊重。換個角度來想，雖然少了援手，但這也意味著你和伴侶可以完全照自己的想法來摸索、帶養孩子，不是也很棒嗎？

請記住，最重要的是你、另一半，以及孩子。

自己的父母自己溝通，溝通前夫妻先達成共識

我在個案中最常看到的情境之一，是長輩過度干涉或過度強勢，一副過來人的架式，什麼都要照她的意思做。

碰到這種長輩，該怎麼辦？

曾有媽媽告訴我，只要婆婆來訪，自己就好像成了外人。婆婆會直接霸占小孩，甚至無視孩子想跟媽媽睡，直接把孩子帶到她床上。另一種情況是，不管自己做什麼，長輩常會出言批評或糾正。

我的建議是，試著畫出界線。要認知自己、伴侶及孩子這個小核心，才是最重要的，設立界線的意義，在於把親疏遠近的重要性拉出來。如果是不同世代一起住，更需要有界線，讓大家在緊密相處中可以保有呼吸的空間。

住在一起的確會面臨較多的狀況，因為直接面對叨念、建議或抱怨的機率可能會更頻繁。此

時，試著找出一點自己的空間是必要的，同時也要認清自己無法改變長輩幾十年的個性或特質。如果還是覺得情緒大受影響，不要一個人苦惱，出門找朋友聊聊或是尋求專業協助，都是可以嘗試的選項。無論如何，都不要因為與長輩溝通困難，耗損了自己的身心健康或夫妻關係，真的很不值得。

如果實在無法認同長輩的做法，不妨試著聚焦在自己與伴侶、孩子的互動上。覺得合理的就去做，覺得太不合理的聽聽就好。如果覺得不舒坦，可以跟伴侶溝通，看看是否有可能讓他跟長輩反映，或是調整自己的心態。以上述個案為例，可以自我開解：畢竟婆婆偶爾才來，且孩子一天天長大，很快就會有自己的想法，不見得願意跟阿嬤睡。

如果是公婆的狀況，可以請先生負責溝通，如果是岳父母，就由太太主導溝通，因為「外人」總是容易說錯話，一不小心，可能讓對方心裡有了疙瘩，留下心結反而讓互動變得更複雜。

當然，我也看過無法跟自己父母溝通的人，把責任都推給另一半。這個時候一定要留意另一半承受壓力的程度，如果連應對自己的爸媽都受不了，就盡量做自己做得到、願意做的部分就好。至少在這種情況下，可以確定的是夫妻的認知相近，彼此也能認同對方的感受，兩人的感情反而比較不容易受長輩干涉影響。

跟公婆溝通前，建議夫妻先討論好希望溝通的目標，達成共識後，再以「這是我們兩個一致的想法」來進行溝通。

很多時候，雙方一開始的意圖可能是好的，只是做法不見得讓彼此感覺舒服。在跟長輩溝通時，可以試著先去看到對方好的意圖，並表達出來：「我知道您是好意想給我們建議……」當對方知道我們看見了他們的用意，接下來即便意見不同，也可能比較不會陷入互不相讓或互相攻擊的對立場面。

別在氣頭上對話，別把不愉快牽拖另一半

有些長輩一開口講話，會習慣性的把負能量投射到我們身上。例如寶寶哭了，你正手忙腳亂的安撫，他們就直接當著你的面說：「哎呀，你怎麼笨手笨腳的，都不知道怎麼處理。」或是對孩子說：「玩具都不收，你爸媽都沒教你嗎？」

聽到這類批評，身為父母當然不舒服，不過，建議可以換個角度來解讀。其實他們真正想表達的是，「希望可以趕快好好安撫孩子」，或是「爺爺奶奶希望你可以學會自己收玩具」。只不過，他們不習慣使用這樣的語言。

沒錯，長輩當然也有他們不擅長的事，或許有些人一輩子都不知道怎樣好好說話，才不會讓人感到不舒服。了解到這是他們的不足之處，無須因為這些話生氣。

先想好自己希望溝通的是什麼，等情緒平復下來後再溝通。因為情緒波動強烈時，最容易起衝突，造成彼此的傷害，讓事情變得更複雜。可以在懷孕階段，就先跟伴侶討論好在育兒方面如

何與長輩溝通，並進行沙盤推演，盡量避免批評對方的父母。請記住，批判無法改變他們，卻可能傷害到自己的婚姻。在孩子出生後，如果長輩有參與育兒，嘗試跟長輩達成滾動式調整的共識，聽聽他們怎麼想很重要。

溝通時，如果以「你為什麼」或「你」開頭，很容易讓對方感覺這個晚輩在批評或指責自己，如果能用「我」開頭來表達自己的感受與想法，最後才放上自己的期待，或許會比較有用。以上述收玩具的例子，如果直接說：「媽，您可以不要這樣說嗎？」她一定會不高興，但如果這樣表達：「媽，您一定是希望孫子學會好好收玩具，不過您剛剛那樣說，讓我覺得自己好像是個差勁的媽媽，下次您可以直接對孩子說『阿嬤希望你收玩具』就好了。」

記得提醒自己盡量不要因為與長輩的不愉快，影響到跟伴侶的感情，也盡量不要拿長輩說的話來質問伴侶：「為什麼你爸媽會這樣？」因為他很無辜，他也無法干涉自己的爸媽對你說什麼，他甚至也不知道為什麼他們會這麼說。如果對他發脾氣，他只會感覺無奈或生氣。你可以單純的陳述自己的感覺，盡量用「我」為開頭，告訴對方你的感受或想法，最後才把自己的期待講出來。

懷孕時，如果感覺到長輩的關切模式已經讓你有壓力或不開心，最好先跟伴侶好好溝通接下來的幾個決定——要在哪坐月子、寶寶如何取名字、接下來寶寶的照顧模式等等，兩人一起將立場想清楚後，再跟長輩溝通。

長輩對寶寶過度寵愛，如何取得共識？

即便沒有同住，在帶寶寶回長輩家時，有些情況也會讓年輕的爸媽受不了。沒有原則的寵溺，或是長輩耐不住孩子哭鬧而嚴厲地板起面孔，碰到這些情況都會讓爸媽感到挫折及無奈。

我想提醒的是，其實在長輩家，長輩如何與寶寶互動，那是他們跟寶寶之間的祖孫緣分，對寶寶來說也是一種不同的文化刺激。至於要不要妥協，端看是否會強烈影響到孩子的安全與健康，例如長輩情緒不穩定打了孩子，這時候就應該介入進行溝通。必要的話也可以考慮提早離開，讓雙方冷靜下來。

有些爸媽擔心長輩的溺愛，會影響他們帶養孩子。有位媽媽來找我做親職諮詢時，就提到長輩一直拿糖或零食給孩子吃，導致孩子不吃正餐。跟長輩溝通時卻被對方翻白眼說：「孩子還小，想吃什麼就讓他吃，做媽媽的不用那麼小氣。」這個媽媽被長輩的畫錯重點氣到發抖，問我到底該怎麼辦。

以這個例子來說，首先要注意的是，不要因為對方畫錯重點而被激怒，反而模糊了焦點。這個問題的重點在於孩子成長需要營養，如果忙著辯解自己不是小氣，就離題失焦了。解釋要聚焦在孩子不吃正餐就無法攝取到足夠的營養，想要孩子長得好，盡量讓孩子吃正餐是很重要的。

此外，在諮商過程中，我們發現或許長輩會一直這樣做，是因為他們不知道還有其他方式可以表達對孫子的愛。他們當然是疼愛孫子的，只是不知道能怎麼做。如果是這樣，爸媽可以建議長輩陪孫子玩（例如玩滾滾球或按摩手腳），這是不錯的解決方法。

如果努力嘗試溝通之後，還是無法改變長輩的想法和做法，最好的妥協就是轉向思考自己可以如何教養孩子。或許長輩仍會繼續給孩子糖果零食，但我們可以平常在家時，努力讓孩子養成不亂吃零食的習慣。把焦點放在自己可以使力的地方，幫助孩子了解大人有不一樣的做法，協助孩子培養好習慣，專注在自己可以調控的親子關係上，永遠是面對長輩干涉最有效的方法。

第 4 部

轉念

觀照成為爸媽後的內心改變

放下「應該」，那是教養挫折的最大來源

我在這本書裡反覆提醒的一件事，就是：爸媽自己的情緒能夠保持平穩，就能調節寶寶的情緒，讓寶寶感覺安穩。所以照顧寶寶的同時，要記得照顧自己的情緒。

我知道，這不容易。生活裡總會有不如意的狀況，讓我們感到挫折、生氣，當那些時刻來臨，如何嘗試平穩自己的情緒呢？

身為爸媽，我們都希望寶寶健康茁壯，好好長大。我們也了解帶養寶寶是寶貴的人生體驗，而最深刻、最健康的帶養，不是只有跟寶寶互動的溫暖回憶，還包括自己可以獲得的美好感受與豐富意義。

在當爸媽的過程裡，有一件事是我覺得格外重要、但往往被很多新手爸媽忽略的，那就是：**除了照顧好寶寶，爸媽也該好好照顧自己。**

我們不妨自我觀察一下，在成為爸媽後，如何接納自己在照顧寶寶時所產生的許多複雜感

受，以及這些轉變帶給自己的衝擊。

我自己在帶養過程中，偶爾會停下來問自己：我是否被某些想法綑綁了？我有沒有允許自己在照顧過程中，接納所有好的、壞的感受，包括成就感、挫折感等等？讓我們來思考在遭遇這些情感衝擊時，可以如何讓自己過得更平穩安好。

愛需要在真實裡。媒體上明星爸媽所呈現出來的慈愛面容、有條不紊的模樣，未必是真實的。真實的日常是，當爸媽一定會有開心甜蜜的時刻，也一定會有瀕臨崩潰或抓狂的時刻，這些好與壞的狀態會交織成深刻的帶養體驗，形成我們人生的風景。所以，要擁抱「真實」，意味著你要去接納自己會有負面的想法與糟糕的經驗。

以我自己的經驗，我覺得要面對的是腦袋中所有的「應該」。身為爸媽，我們被太多的「應該」所束縛，這些「應該」有的是針對自己的，例如「我應該要能邊照顧寶寶邊整理家務」、「我應該要能在寶寶睡覺時做好某些事」；有時候，「應該」是針對另一半，例如「你應該在下班後主動幫忙照顧孩子，不要等我開口」、「你應該要把哪些事做好，才是有責任感的好爸爸」；甚至有些「應該」是針對寶寶的，例如「餵飽了也換好尿布了，你應該要乖乖的」、「你應該要趕快睡，我還想去做其他事」等等。

這些「應該」都是讓我們感覺挫折的來源，不過這些「應該」也有它們積極的意義：希望在忙亂的生活中能有更多的掌控感，如果事情能照自己希望的發生，就可以讓生活輕鬆一點。

一旦發現自己有這些「應該如何如何」的想法，就要提醒自己在真實的生活中，絕對不可能事事都按照你的「應該」在走，因為：

一，成長期的寶寶會有自己的發展，不同的發展階段會帶來不同的挑戰。例如，寶寶今天特別好動，或許是剛好他的身體在發展某些技能需要多練習，所以希望他「午覺睡久一點，好讓我可以做想做的事」，當然比較困難。當自己感覺受挫時，可以提醒自己收穫有「有形」與「無形」兩種，有形的收穫是我們能夠照計畫把想做的事做了，而無形的收穫則是你的計畫雖落空，但在陪伴孩子的過程中你得到更多的愛與感動，所以不管如何都是收穫。

二，針對另一半的種種「應該」，要提醒自己除了家庭與照顧寶寶，或許另一半還有其他的生活壓力。這個壓力可能來自工作，也可能來自其他家庭成員，或甚至是來自他自己（例如他還在適應三人生活）。這些壓力都需要他分神去面對，所以當他沒有做到我們要求的「應該」時，不要急著馬上解讀為他不願意付出，在無法全盤了解對方的壓力之前，滿滿的負能量對彼此都沒有幫助。

三，回到自己身上，放下對自己的「應該」。許多對新角色認真投入的新手爸媽，常會對自己充滿期待，希望帶養過程能一切順利，不知不覺中對自我的要求就會變得很嚴苛。「你是自己最大的敵人」這話說得沒錯，最常打擊我們、讓我們感覺很糟的，就是自我批判。

我想說的是，在綿長的親子關係裡，我們一定會有沒做好的地方，讓關係變得緊張，讓自己覺得很挫折。但我們之所以是夠好的爸媽，真正的關鍵點在於我們願意去看到自己的掙扎，並願意調整對自己及對孩子的期待。

比方說，在你無法如預期把家裡收拾好時，或許可以先把奶瓶洗乾淨就好。雖然對於自己只做了這一點點清理不是太滿意，但是這邊只得到的五十分，或許讓其他的部分得到了八十分。回想一下你的八十分是在哪裡拿到的——或許是花時間把寶寶照顧好，或許是陪寶寶小睡了一下、讓疲累的自己也順便休息。不要只看到不及格的部分，記得提醒自己看到那些八十分，對提振心情會很有幫助。

正視這些「應該」給自己及他人帶來的壓力，試著每天去看到那些獲得的八十分。提醒自己目前只是一個暫時性的階段，隨著孩子一天天長大，就能夠做更多想做的事。讓自己維持在一個比較積極正向的感受裡，有了平穩的情緒，家庭氣氛自然能平和。

你一點都不糟糕，你只是累了

帶孩子真的好累，有時自己都忍不住發脾氣，但發完脾氣後又覺得愧疚，其他爸媽好像都不會這樣，於是覺得自己好糟糕。到底要怎麼做，才能不被挫折感打敗，平穩地過好每一天呢？

不管是獨自或兩個人一起帶孩子，都是很累很辛苦的，所以有自我懷疑的念頭是可以理解的。但要記得，這些念頭不會讓你變成糟糕的父母。非洲有句俗諺：「養一個孩子需要一個村落的力量。」現在的你沒有這整個帶養聚落來協助，當然非常吃力。

再加上生活與寶寶有時會帶來很大的挑戰，像是如果寶寶健康出狀況，你除了需要焦急地跑醫院，還會有許多的擔心與憂慮——寶寶什麼時候可以好起來？會不會影響他的發展？孩子有健康問題真的讓人很煩惱。所以我們可以一起來看看，如何讓自己的情緒能夠比較平穩，因為我們的情緒會直接影響到孩子。

首先提醒自己放鬆，你並不孤單！你是萬般疲累下才會有一些負面的念頭。這些念頭會來也會走，當覺察到有這些念頭時，請記得告訴自己這只是暫時的。如果這些念頭讓你感覺害怕或甚至自責，我希望你可以回想那些與寶寶互動的美好時刻，幫助自己看到生活的全部樣貌，而不是只有腦海中那些不好的念頭。

我在兩個孩子出生後，曾經當了近五年的全職媽媽。在自己帶養的那段日子，我體認到如果沒能得到一絲喘息，兒童虐待一定會發生，所以我對全職帶小孩會有的複雜情緒很有感觸。因此，請務必讓自己有喘息的機會。

對寶寶的任何擔心，夫妻兩人討論後都可以與醫療團隊諮商，千萬不要覺得只能自己解決。雖然我們不見得能預測寶寶未來的發展，但接下來如果孩子真的在發展上有任何問題，除了有專業的醫生可以信賴，必要時也會轉介社福單位或縣市政府相關單位，獲得早期療育資源，幫助寶寶在治療師或療育課程的協助下發展得更好。

育兒過程如何維持平穩情緒

有時候寶寶身體不舒服或哭鬧不休，自己又沒有任何支持系統也沒有替手，就會在照顧的疲累裡產生許多情緒——煩躁寶寶為什麼哭個不停、懷疑自己是否一輩子都要這樣被綁住、沒了自由，甚至後悔生了孩子，或感覺其實自己並不愛這個孩子等等。

想要維持平穩的情緒，要從大腦的結構開始說起。我們的大腦分成三層，最上面那層叫皮質層，中間是主宰親密感與愛的邊緣系統，最下面一層是生存中樞——我們常暱稱為爬蟲腦。生存中樞最有名的，就是「杏仁核」這個部位，這是我們的危機處理部位，一旦遭遇威脅或危險就會啟動。當大腦啟動杏仁核時，上面兩層會關閉，在腦部顯影上來看，就是慢慢變藍變黑，這是因為遇到危及生存的情境時，需要杏仁核即時因應，沒有時間讓我們仔細思考。

當寶寶不斷哭鬧時，我們會陷入一種危機感：在嘗試安撫後孩子依然沒有安靜下來，有沒有可能孩子遇到了某種我們不知道的嚴重情況？於是，我們的大腦開始把這個情況視作危險的威脅，皮質層與邊緣系統開始關閉，杏仁核則是越來越亮要來因應。

但問題是，杏仁核的角色是危機處理，它必須快速因應，無法思考及判別，所以它必須把威脅的危急預設值設到最大，意思是它無法分辨眼前的危機是寶寶一直哭不停，還是有一頭黑熊站在我們面前要把我們吃掉。一旦杏仁核把情況預設成危急，我們就會做出戰或逃的反應，這就是為什麼有些父母會因為孩子哭鬧不停而打孩子。當杏仁核開始發亮時，腎上腺素會被激發，開始讓我們預備要正面迎戰，或是全力逃走。

在我自己當全職媽媽的過程中，我也感受過極大的挫折。我發現當腎上腺素激發時，我會有以下的生理反應：心跳加速、手不自覺的握拳，甚至感覺到頭部冒煙……，這些都是我感覺到威脅，身體在預備著做出反應。如果當下我還繼續停留在情境裡與孩子面對面，下一秒我的杏仁核就會讓我衝出去，可能用打罵方式來攻擊孩子，這樣就會深深傷害親子的感情。

所以我學到的心得，就是以幾個步驟來維持情緒的平穩：

1覺察身體發出的訊號。當大腦偵測到威脅（例如寶寶持續的哭聲）時，會啟動杏仁核，杏仁核被啟動後為了因應危機，會促使腎上腺素激發。所以調節情緒第一個步驟，就是學著去覺察腎上腺素激發時，自己身體出現的生理訊號，例如：心跳加速，或是頭部感覺冒煙、越來越脹熱。觀察當你在生氣時，身體會有什麼變化及感受。

2 把孩子放在安全的地方。一旦覺察到這些生理訊號，會先把孩子放在安全的地方，如果是嬰幼兒，就放在寶寶的小床上。

3 拉開距離。安置好寶寶後，走到房間門口，拉開自己與寶寶的身體距離，同時把視線移開，不要一直看著孩子。

4 允許自己攻擊式的念頭浮現。人們在很生氣的時候，會產生許多攻擊的念頭，只要念頭停留在腦海裡不會真的做出來，可以允許自己用想像的方式來宣洩憤怒，例如想像自己走過去對著寶寶大吼大叫。

5 想像的同時開始做深呼吸。用和緩的深呼吸，來傳送安全訊號給身體的每個部位：「那是假警報！現在是安全的，並沒有黑熊要吃掉我們那麼危險。」深呼吸還可以讓身體降溫。如果什麼都不做，杏仁核自己降溫需要半個小時左右。所以深呼吸讓身體其他部位先從危機的警報中解除。

6 進入自問自答。可以從攻擊孩子的想像出發，問自己：「如果真的對孩子大吼大叫，孩子會停止哭泣嗎？如果不會，大吼大叫沒有幫助，我還能做些什麼呢？」

當我們能夠回到自問自答的情況，就表示大腦的皮質層開始回復到可以思考的狀態，只要能夠思考，就不會陷入只由杏仁核主宰而做出傷害自己也傷害對方的反應。在我所有的演講中，不管是專業或一般性的，我都會努力分享這個心得，因為這五個步驟不只幫助了我的親子關係，對我的婚姻關係也很有助益，希望你也可以試試看。

不需要完美，我們只要當「夠好」的爸媽

前面談過在寶寶出生後，如何維繫夫妻的感情，也談到如何調整自己的想法與平穩自己的情緒。會談這些都是希望讓你明白，當爸媽以後，你是有可能喜歡上為了育兒正在轉變的自己。希望透過我的分享，你可以慢慢地適應新的生活型態。因為當你能夠喜歡目前的生活，自然就會有滿滿的能量來安撫及照顧寶寶！

身為爸媽，我們都希望自己做得很好，不過當了十八年的媽媽後，我想要分享的是：「我們都應該接納自己不可能做到最好。」

我的孩子上高一時，有一次曾跟我說：「如果知道你的專業，我同學的媽媽一定不相信你會這麼散，她們都比你精明很多，會提早幫我同學做升學的準備！」聽到孩子這樣說，我並沒有感覺不舒服或開啟防衛機制，我直接承認自己在這一點是不足的。我的個性本來就有點迷糊，再加上也不希望孩子被升學綁架，所以沒有積極讓孩子去補習或預備升學，但我卻忘了孩子在班上還

是要面對升學與同儕的競爭與比較。所以在當媽媽的過程中，我需要去接納自己不是一個精明、事事幫孩子規畫好的媽媽，同時我也需要去接納孩子因為我這樣的情況而對我失望。

英國的精神分析學家及小兒科醫師溫尼考特（Donald Winnicott）說：爸媽只需要**夠好**（good-enough）就好。

所謂「夠好」，就是願意在育兒過程觀察孩子也觀察自己，思考孩子的需要，願意嘗試調整來呼應孩子的需要。所以當我高中的孩子這麼說時，我的「夠好」雷達就會發出訊號，提醒我詢問她：「那你希望我幫你多做一點嗎？」來與她對焦。我試著了解孩子需要我多做一點是什麼意思，於是開始幫她找資源，跟她一起討論如何安排這些課外活動。所以「觀察與聆聽」→「思考」→「調整」這樣的循環就是夠好的一個運作過程。

要做到「夠好」，我們在心理上要接納自己即使努力也可能會有不夠好的部分——「有時候爸媽覺得夠，寶寶不見得覺得夠；爸媽覺得太少，寶寶或許覺得太多。」這就是為什麼觀察與聆聽會那麼重要。

體認到自己有時候會做得不夠好，甚至願意跟孩子承認自己做得不夠，告訴他們自己會繼續努力，然後讓孩子看到自己的調整，這是教養中很寶貴的給予歷程，也是我們很重要的示範——示範在漫長且重要的這段關係裡，因為適時的調整與磨合，讓我們互相走得更好。不過，並不是每一次都需要去滿足孩子，有時候我們的限制可以讓孩子在未被滿足的過程中，開始練習面對對爸媽的挫折感，以及自己如何試著表達，甚至是自我幫助，建立自己解決的能力……，這是孩子培養挫折容忍力的開端。這樣看來，孩子本來就不需要完美的爸媽。

帶養能夠優雅從容嗎？可以

在我的工作中，有許多媽媽會跟我說，希望自己成為一個優雅的媽媽。我想這個集體對優雅的渴望，可能來自目前自己內心感受到的混亂——對育兒的困惑、要選擇全職育兒或重返職場、如何有足夠的能量接收與給予這個家庭⋯⋯。當然，優雅也包含希望對爸媽這個角色能夠適應及從容自在。

當爸媽的難處，在於會被許多不同的需求面向拉扯，腦袋裡同時有寶寶的需求、自己的需求、另一半的需求，以及家庭生活的基本需求。在每一個需求發生衝突的時刻，例如「寶寶生病了我很擔心，不想上班想在家陪另一半照顧寶寶」，或「我好累好累，真不想起來照顧寶寶」，這些衝突想法難免帶給我們很多複雜的或甚至是負面的感受。但其實負面的情緒不見得只有破壞性，以內疚為例，如果因為內疚而調整自己的行為，內疚就帶來了積極的意義。學會尋找挑戰與逆境帶來的積極意義，比較不會卡在負面狀態中出不來，優雅從容自然就比較能夠浮現。

不過，在教養裡的優雅從容很難持續發生，比較可能是片段式的出現。在跟孩子一起成長的這十多年，我體會到孩子在成長過程中會有不同的發展挑戰，而在陪伴他們的同時，我們自己也會面臨不同的人生挑戰，通常在平穩一陣子之後，可能會有某些震盪事件發生。不過在震盪之下，只要我們努力調整、摸索一段時間，一定能夠再度找到平衡，讓渴望的優雅從容可以再次回到自己身上。

夠好的爸媽還要記得適時鬆手與適時協助。當寶寶還小時，我們會敏銳察覺他的需求並及時回應，但當孩子已經獲得一些身體的活動技能後，就要開始放手讓他安全探索，這點很重要。例如，讓八、九個月大的寶寶可以爬離我們，在一個安全的環境探索，爸媽們不要因為焦慮寶寶會受傷而不斷阻止他去探索。當然我們會焦慮寶寶的安全，但此時的重點可以放在如何把環境變得更安全，好讓我們能夠安心放手，讓孩子可以拉開點距離爬行探索。

「適時協助」指的是當孩子因為動作不穩而自己嚇到時，我們在旁邊如何馬上介入協助安撫，讓他感覺到安全，這是很重要的。

親子關係的最終目標，是我們可以成為孩子的安全堡壘，孩子即使長大後獨立，離開我們去尋找自己的生活與生命意義，也會記得我們永遠在他身後支持他、愛他。所以觀察寶寶發展獲得的能力，確保環境是安全的，然後稍稍鬆手讓孩子去體驗、去探索，也是「夠好」的爸媽需要練習的。

要練習什麼呢？練習 hold 住自己想馬上去幫助寶寶的念頭，練習hold 住自己對寶寶的焦慮。當你可以為了愛孩子而按捺自己，你會發現對孩子的愛正在改變你——你逐漸明白無條件的愛是什麼、明白接納孩子是獨特的個體是什麼樣的體驗、明白原來你心裡有這麼多的愛，也明白原來愛孩子的過程讓你清楚地看到自己是什麼樣的人，這會讓你更了解自己。想想，這是多深刻的學習啊！

累積自己當爸媽的信心與直覺

在帶養寶寶的摸索過程，我覺得不需要太常 google 或看過多的親職文章，讓自己越看越焦慮。或許這樣說有點自相矛盾，因為這本書就是希望分享給爸媽們。我應該這樣說：閱讀與接觸帶養新知當然很重要，但不要一下接觸一大堆，選擇一本書或是一篇文章好好閱讀，從專家提供的角度以及你對孩子的觀察，去思考自己的親職方式，進一步幫助自己去嘗試不同的方式帶養。

親職文章或書寫得再好，分享再精采，那都不是你的寶寶；學到的同一種方法，不同的人嘗試去做，未必會有相同的結果。所以對我們來說，更重要的是：在每天的生活裡一起摸索與反思。我的建議是：「記得偶爾停下來想想，自己做了什麼讓寶寶或讓自己開心。」從回想自己的經驗中，去認出自己的能力，就像拼圖一樣，慢慢拼湊出自己的孩子是怎樣的孩子，自己又是一個怎樣的爸媽，就能夠幫助自己開始建構出帶養孩子的信心。

回想順利相處的那些時刻，理解自己做了什麼對孩子有幫助，這些體認會一點一滴的累積，讓我們和孩子之間的情感成為獨一無二。在這樣日復一日的重複照顧中，寶寶回饋給我們的是希望——很快的，寶寶會以自己獲得的發展能力，讓我們看到帶養的成就感與希望。看，寶寶會抬頭、會翻身、會對我們笑了、長了兩顆小乳牙了……，在彷彿無止盡的尿布奶瓶輪替中，我們看到了孩子的成長，看到了自己是「夠好」的爸媽，感覺到自己付出的價值。

產後感覺情緒不是很好，是憂鬱嗎？

新手媽媽在生產後，可能會有許多不同的感受。例如，要面對生產過程可能的創傷、疼痛及傷口癒後；面對一個軟趴趴、只會哭的新生寶寶而自己還搞不清楚如何安撫；還包括泌乳、餵奶、學習幫寶寶換尿布這些照顧上的調適。這些因改變所引發的緊張、焦慮、擔心，或生產後因為賀爾蒙變化所引起的情緒低落，都是很正常的情緒反應。

事實上，在面對新生寶寶的重大時刻，我們常會出現各種不同的反應。有時候，抱著脆弱的寶寶可能勾起過往的成長回憶，例如想像自己是寶寶時，爸媽是如何帶養自己的，或小時候與父母互動的回憶；有時候抱著寶寶，則是讓我們特別想念逝去或不在身邊的親人，種種感受很是複雜。當這些複雜的感覺湧現時，我們很自然會感到焦慮、擔心或情緒低落，開心不起來，甚至不想與人分享。

你甚至會覺得，為什麼別的新手媽媽可以在臉書或ＩＧ上，分享頂著聖母光環、抱著寶寶的開心照片，自己的感覺卻這麼複雜、這麼脆弱。或許，你覺得自己看到寶寶沒什麼特別感覺，甚至想躲起來不想面對，覺得自己是個失敗的媽媽。

如果在產前已診斷有憂鬱或焦慮、也已進行治療，產後憂鬱的機率會比沒有產前史的媽媽們高，因此更要仔細觀察自己在產後情緒波動的狀況。

那麼，該如何理解產後的各種情緒反應，又該如何自處呢？

首先你一定要明白，產後情緒低落不是因為你精神有問題。事實上根據研究顯示，高達八成的媽媽，在產後會有情緒波動或低落的狀況，也就是說，這是非常、非常正常的。

為什麼會這樣？你可以想想看，光是從生理的角度來說，你體內的賀爾蒙（包括雌激素及黃體素）在產後會急速變化，這樣的變化會影響大腦的運作模式，本來就容易挑動媽媽們的情緒，而最常看到的反應就是哭或是感覺煩躁，有點類似月經來之前的情緒。

所以，這個時候請不要慌張，夫妻兩人都要知道，這是正常的反應。大部分的媽媽在頭幾天會體驗到這種狀況，大約過一兩週就會緩解下來。

此時，最親近的家人與伴侶扮演了非常重要的角色，可以提供其他親友無法提供的支持及關懷，他們可以陪伴你，與你一起觀察自己的情緒是否有慢慢緩解。

那麼，該如何陪伴呢？

曾經有個媽媽跟我分享，她產後出現了低落的憂鬱情緒，婆婆原本好意來陪伴，但婆婆安慰她的方式，卻是不斷問她為什麼要這麼負面？還一直跟她說，是她自己亂想，只要正向思考就不會讓自己陷入憂鬱的情緒。結果，反而讓她感覺憂鬱是自己的錯。

在此我想要提醒的是，「憂鬱」會改變大腦的思考迴路。「憂鬱」並不是提醒對方正向思考就能解決的，如果是這樣，整個社會就不會有這麼多憂鬱症引發的問題。在我的服務經驗裡，有幫助、有品質的陪伴，是多聽少講。

不需要幫對方解決問題，不要一味地勸說對方不要有負面感覺，而是和對方一起在這場痛苦的經驗裡，慢慢地理解及消化發生的所有事情。有時候，好的陪伴甚至不是用語言安慰，而是用表情和肢體語言，即使是靜靜地待在一起，傳達「我知道你很低落，沒有關係，我就在這裡陪你」這樣的訊息，就是很好的開端。然後陪伴對方一點點一點點地嘗試自己要做的事。

這種願意跟你一起在深谷裡、一起度過負面情緒的方式，就是最能傳達「我愛你」的方式。

產後憂鬱症的症狀

談到產後的情緒或提到憂鬱這兩個字，就讓人覺得有點可怕，但是你可以轉換心情，來看待自己這段時間的情緒波動。或許，正是在這個最困難的時候，另一半學會並掌握了陪伴的訣竅，成為你可以倚賴的精神支柱。

但如果你仍然無法擺脫負面情緒，開始擔心自己這樣會不會演變成臨床上的憂鬱症，怎麼辨？首先，讓我們來了解一下，憂鬱的來源通常分為心理性與生理性兩種。生產後由於賀爾蒙變化，以及需要適應照顧寶寶的心理挑戰，因此媽媽們的確會比較脆弱。國際上關於產後憂鬱的研究認為，以臨床條件來看，當情緒波動或情緒低落有越來越嚴重的傾向，並且持續兩週以上時，歐美國家就會建議媽媽諮詢精神科醫師或是進行心理諮商。

所以，到底出現哪些症狀算是有產後憂鬱呢？

通常比較常見的狀態包括：感覺退縮、無法放鬆、持續悲傷、空洞與麻痺感、自責做得不夠好、不是好媽媽，或甚至不想跟其他人（包括寶寶）互動等等。產後憂鬱症通常出現在生產後兩個月左右，不過也有些媽媽在產前就開始體驗到憂鬱的情緒。

有時候也可能不是憂鬱的感覺，而是焦慮。例如，腦袋裡一直播放幫寶寶洗澡卻不小心失手，讓寶寶撞到頭的畫面，嚴重的甚至會看到自己在傷害寶寶。有些過於焦慮的媽媽擔心寶寶猝死，會一直起床查看寶寶的呼吸，因此無法好好休息。在比較極端的例子裡，甚至有的媽媽會有危及生命的想法，例如感覺這樣下去沒有意義而嘗試自傷或自殺。如果出現這樣的狀況，千萬不要輕忽，一定要馬上伴隨她們就醫，這已經是產後憂鬱最嚴重的層級了，一旦發生又沒有接受協助，很容易讓憾事發生。

在從事助人的服務時，我常常被問到，什麼情況下應該要尋求專業的協助？因為對成年人來說，都希望可以自行解決問題，所以對於何時才能求助會感到疑惑。

通常我會這樣回答：如果你的情緒狀態，已經影響到自己的想法或行為，或是對日常功能的運作造成干擾，例如睡不著、吃不下、睡太多、持續哭泣、腦中持續有負面念頭，甚至是原本感興趣的事情現在提不起勁來做，就已經達到求助的門檻了。

所以如果這樣的情況持續，在嘗試自己解決仍看不到進展時，就是需要其他資源進一步協助的時間點了。協助可以是透過宗教、家庭支持或專業支持。其中，專業支持若是醫療層級，會建議看精神科醫師，由醫師進行評估診斷。

說到精神科，一般人都會諱疾忌醫，尤其是新手爸媽，很多時候是因為不想服用藥物而不願意就診。其實，尋求專業幫助並不是因為有病，而是因為自己想當個好爸媽才會注意到自己需要幫助，所以求助其實是愛孩子的一種表現。

至於是否要服藥，我覺得先不用擔心得太早，因為這需要由醫師進一步評估。更重要的是，現在的精神醫學也不再只是以藥物做為唯一的治療模式，還有談話性治療，例如心理諮商或參加支持團體等其他方式。

如果醫師真的開藥，可以在就診時跟醫師討論，包括藥物對自己的幫助是什麼？如果不服用藥物的利弊是什麼？藥物對身體的可能影響或副作用是什麼？是否能持續餵母奶？了解這些後再做決定，會讓人比較安心。

身心科的藥物功能，是把我們日常運作的能力提升到一個基礎點，例如抗憂鬱藥物可以增加血清素，讓人比較有活力來面對生活，願意與外界互動。透過跟不同的人互動或是從不同事情得到樂趣，能夠豐富我們的日常經驗，從而讓大腦分泌更多的多巴胺，鼓勵我們與更多的人事物接觸，並逐漸降低對藥物的需求。藥物不是完美的解答，而是輔佐，就像復健的角色一樣，如果有任何疑慮都建議可以找身心科醫師討論。

如何面對揮之不去的恐怖與無力感

生產後，有些媽媽可能會面對一些無法預期的挑戰。這裡要談的，並不是帶養的不順利，而是媽媽們除了要適應疲累的照顧行程之外，還要承受或消化身體在懷孕生產後繼續付出的代價，或是在生產過程中經驗到的創傷。

什麼是創傷？創傷是人在經歷強大的恐懼與無力感時所產生的個人體驗。當我們在懷孕或生產過程中感覺到強烈的害怕或無助感時，就會有創傷經歷。例如，一個很想要自然產的準媽媽，臨到生產才發現胎位不正，不得不接受出乎自己預期的剖腹產，剖腹後的癒後當然也跟自己的預期完全不同。

這些醫療程序的侵入感或危急性，會讓人感覺很無力、無法掌控，容易讓人進入創傷後壓力症候群（PTSD），造成神經緊繃、過度警覺，也可能因為想逃避而變得麻木，甚至是不由自主地一遍遍回想，或是這些記憶進入夢境，引發不同的強烈反應。

如果媽媽們觀察到自己在產後幾個月，反覆想到生產相關的經驗或夢見那些痛苦的過程，感覺到恐懼、無力、焦慮、過度警覺或想逃避，甚至失去對任何活動的興趣，從而影響到日常生活的運作，就有可能是出現了創傷相關的壓力症候群。這裡要注意的是：有時候，一起陪產的爸爸也可能因為目睹生產而留下創傷感受，讓自己有深深的無力感。如果腦海中一直出現相關畫面，或影響了睡眠等日常功能的運作，尋求專業協助會有幫助。

當爸媽已經很不容易了，在照顧小寶寶時還要擔心自己的健康，真的是沒有人能了解的難。如果覺得自己沒有嚴重到需要看精神科，也還想自己帶寶寶，能做些什麼讓自己感覺好一點呢？

一、允許情緒流動，找人傾吐，別悶在心裡

如果你也跟我一樣，因為懷孕、生產而造成健康問題，我想對你說：「你並不孤單，千萬不要一個人悶著。」

允許自己在擔心或不舒服時所產生的情緒，尤其是面對身體的疼痛時。疼痛也會引發情緒的波動，畢竟生病或疼痛都讓人快樂不起來。如果哭有幫助的話，那就允許自己好好哭一場，把哭當作淨化情緒、淨化痛苦的方式。畢竟沒有人能預料生個孩子會對自己的身體影響這麼大，也沒有人真的明白你正在經歷的痛苦。

當然，我也希望你身邊有關心你的好朋友，也有可以信任並願意支持你的家人能安慰你。記得，要當一個有足夠能量愛孩子的爸媽之前，我們要先照顧安頓好自己。

二、弄清楚自己的感受，增加自己的安全感

你在擔心的是什麼？如果是身體的健康問題，那麼照顧自己的第一步，就是釐清自己的感受與擔心。找張紙寫下你的思緒，如果太忙也可以用手機記錄關鍵字，然後試著跟另一半、好友或家人說。在對話過程中，你會更明白自己在想些什麼、擔心什麼。表達與被聆聽，就是自我療癒的一種方式。

擔心自己的身體並不可恥，也不自私，不要覺得必須把所有精力都花在照顧寶寶上頭，卻犧牲掉自己的健康。如果真的健康出狀況，你要做的，就是去想出可以找誰幫忙，而不是讓自己持續處於高度壓力之下。了解自己的想法、感受後，思考如何增加自己的安全感，因為創傷衝擊我們的就是秩序感跟安全感。

三、尋求專業協助

健康問題一定要求助於專業醫師，並且遵行醫囑。不管是中醫或西醫，相信專業是很重要

的，勇敢面對，並提醒自己現在的健康狀況不是孩子故意要帶給你的，因為沒有人希望這種情況發生。如果是憂鬱的狀況，也可以考慮找心理諮商師，帶著寶寶同行是有可能的。任何的專業資源或方法，只要不會傷害到自己或寶寶都可以試試，看看能否讓自己的生活過得更輕鬆容易一點。

四、必要時，請人幫忙帶小孩

記得學會求援。若在治療過程無法親力親為時，不要糾結於一定要自己帶小孩。你可以跟另一半好好討論，就算是需要交給安排的照顧者，暫時無法親自帶養，那也是為了讓自己痊癒，好全心繼續陪伴寶寶走接下來長長的親子之路。

當寶寶正式成為爸媽的寶貝開始，有很多事會因為要呼應寶寶的需要而變得不一樣。一開始的手忙腳亂、每天帶養孩子經營生活的勞累、聽到寶寶咯咯笑的聲音，或看到寶寶可愛睡臉時的感動……，這些畫面，交織成我們摸索如何當爸媽的起點。以我十多年的經驗談，我可以保證，無論你再怎麼努力，當爸媽的歷程一定會有一些無法預料的事發生。請試著敞開心去接受，甚至學著去欣賞這些「驚奇」或「不完美」帶來的插曲，不管是用幽默的方式自我解嘲，或是換個角度來安慰自己，都很好。

當你不再用負面方式來解讀育兒挑戰時，一段時間之後再回頭看，就會發現點點滴滴都是美好的回憶。比如我回想起自己親餵的掙扎，明明記得那時的自己有那麼點遺憾，卻發現記得更多的，是孩子朝我飛奔過來、小手環繞著我的感覺，是孩子清脆的笑聲或起床時呼喊媽咪的聲音……，全部都是讓自己在孩子的愛裡融化了的回憶。

新手爸爸也會有產後憂鬱嗎？會

爸爸們是否也會產後憂鬱？根據美國醫學協會的統計，在美國大約有百分之十的爸爸在孩子出生前後感覺有些憂鬱。不過，新手爸爸的症狀，可能與媽媽們想哭的憂鬱狀態不太一樣，更多的是感覺煩躁、躲在工作裡與家人拉開距離、對工作或原本喜歡的活動變得沒有興趣，當然也有些爸爸感到沮喪。

這些爸爸們或許不太能接受自己也會產後憂鬱，但仔細想想，爸爸們的確有許多的心理挑戰。例如：1一家之主的擔子更重了。養孩子伴隨而來的經濟壓力，讓自己感覺沉重；2對於兩人世界變成三人世界適應不良。自己與寶寶之間無法像媽媽與寶寶那麼有默契，加上太太整天跟寶寶黏在一起，感覺自己像個路人甲；3太太在產後需要休養，也專注照顧著寶寶，原本自己是太太所有注意力的焦點，現在不只情感上沒有被關注，在性事上還可能有一陣子無法得到滿足。

以上這些，都很有可能讓爸爸們感覺情緒低落。

如果爸爸們觀察到自己有上述的心情，記得也要好好照顧自己：多運動、睡眠和營養要充足、常與太太擁抱，或把自己的感受說出來，都會有幫助。關於第二點，前面提過，只要爸爸花更多時間照顧寶寶，大腦裡的抱抱賀爾蒙「催產素」會強化親子之間的情感連結，也會讓爸爸感覺到幸福，不再有第三者的感覺喔。

當爸媽是人生中很深刻的經驗，有順利的時刻，也有面對挑戰的時刻。遇到困難時，我們都要堅信：育兒路上，深深的喜悅和幸福正在等著我們！

第5部

○到一歲

穩住寶寶情緒，不犧牲的快樂陪伴

健康陪伴發展中的寶寶

度過一開始的手忙腳亂，慢慢的，大人小孩都比較習慣這種生活步調了。雖然有時候還是猜不出來寶寶為什麼哭，但已經沒有一開始那麼緊張了。接下來的一年，我們會見證寶寶長出哪些神奇的能力，來吸引爸媽給予更多的互動與陪伴呢？這個單元要分享的是寶寶頭一年的發展，讓爸媽們對可能遇到的狀況先有心理準備，同時期待見證寶寶的成長。

◎四～八週

四到八週大的寶寶會發展出社交性微笑——當他對著我們笑，是因為他認得我們，對我們的聲音或表情有喜好。

兩個月大的寶寶開始對影像和聲音感興趣，視神經的成熟讓他們可以用凝視方式追蹤移動的東西。於是，我們會看到寶寶笑得很開心，表現出興奮的樣子。由於發展經常是藉由互動相輔相成的，此時我們可以運用搖鈴（聲音）或鮮豔的東西（視覺）來吸引寶寶的注意力，然後跟他說話、對他笑，把他當作是個小小孩，一個還不會講話的小小孩。

◎二～三個月

跟兩、三個月大的寶寶通常可以如何互動呢？可以看著寶寶，然後「自問自答」或「自言自語」，不管是較短的語句、放慢語速、用較高的音調模仿娃娃音、唱歌，或重複、誇張的方式都很好，對孩子的發展都有幫助。例如，當寶寶臉漲得紅紅時，媽媽可能會跟他說：「在用力嗎？哇！放屁屁了，放完好舒服喔～」媽媽以充滿情感的方式描述寶寶當下的狀態，寶寶可能會以微笑或發出聲音來回應，這不是偶然，寶寶開心的笑或發出聲音，所呈現的是最早的「互動」與「溝通」。

透過「描述寶寶當下的經驗」或是「告訴寶寶接下來要發生的事」這樣的互動，寶寶正在學習辨認不同照顧者的手勢、味道、聲音及觸摸，他開始感受到自己喜歡的互動方式，也開始建立與對方的感情。研究顯示，六個月大的寶寶，其認知能力讓他能夠記得自己的經驗，於是他會透過不同方式與不同的照顧者互動。

◎三~十個月

到了這個階段，爸媽會發覺寶寶越來越好玩了。寶寶看得到更遠的東西，也「發現」了自己的手，開始把東西放到嘴巴裡探索，不管是放進嘴巴或抓東西，都讓他得到不同的刺激。他還會發出更多的聲音，也會專心聽外界的聲音。四到五個月的寶寶有時會主動引起爸媽的注意，不管是藉由大笑或發出聲音，慢慢建立起來的依附感情不再只是單純的安全感，更重要的是，憑藉這個關係，寶寶可以用來幫助自己接受更多刺激以促進發展。於是，爸媽與寶寶的互動變得更繁複，時間也可以更加延長。

親子之間的來回互動，因此有了更多的可能性。例如，換尿布時，讓寶寶抓著自己的布書拿到嘴邊啃著，媽媽可能說：「多多看書是用啃的喔！你啃一啃跟媽媽說你喜不喜歡佩佩豬。」媽媽邊說邊看著多多，多多邊啃書邊笑，媽媽用一種很好玩的聲音說：「佩佩豬好好吃喔！」或「救命啊，佩佩豬說太多口水了啦，我的身體都濕了！」多多於是看著媽媽，小手揮舞著布書，媽媽假裝說：「那媽媽也來咬一口，看看佩佩豬好不好吃。」接著假裝說「啊~嘛」，多多笑起來，媽媽看多多這麼好玩，繼續說「啊~嘛」，一邊笑一邊換尿布。

四個月以後的寶寶有個特色，他們其實喜歡重複的互動方式，例如巧連智的躲貓貓遊戲，或是讓爸媽很傷腦筋的你丟我撿。這種重複遊戲都需要爸媽的參與，透過不厭其煩地跟寶寶玩躲貓貓，不厭其煩地把東西撿回來給寶寶握著……的過程，爸爸媽媽可以觀察寶寶，調整自己與寶寶的互動方式。而寶寶則從中經驗到「原來我是有能力，可以讓事情發生的」，「每一次我這樣做，爸媽就給我類似的回應。我可以自主的參與，我可以透過這些動作來跟其他人互動，讓自己感覺有趣、感覺很開心。」寶寶的開心、興奮、新奇，甚至是自己可預測的當下，會讓大腦的神經元快速連結，讓他變得更聰明，情感上也開始有很積極、被鼓勵的經驗。

不要小看我們與寶寶的自然互動，當他手上的搖鈴滾到地上，我們一邊說：「哎呀，又掉了！這個玩具好調皮。」一邊撿起玩具，遞到他手上時再輕聲說：「還要拿嗎？」於是寶寶把手伸過來又握住了搖鈴，笑著搖著玩具。這些話語、這些協助，甚至是把東西放到寶寶容易拿到的位置等等，都是在嬰兒期的互動裡，我們可以為寶寶做的輔助與引導。有時候我們也會不自覺地示範給寶寶看，即使我們知道這已超過孩子的能力範圍，但透過類似的先行示範，我們有信心等孩子大一點，就知道怎麼玩了。

知道嗎？在心理發展上，這是寶寶發展自我成為獨特個體的第一階段。四到十一個月的寶寶，因著動作與認知能力的進步，不再像前三個月被自己身體或是體內的經驗主導，他們開始跟外界互動。當他們爬行、移動自己的身體時，這些時刻讓他們經驗到了自我。

甚至連爸媽調整的互動方式，也能幫助寶寶經驗到自我。例如，爸媽開始餵食物泥，餵了寶寶一口會看看他的反應再餵下一口。這個等待，提供了寶寶經驗自我的機會，雖然他的認知還沒有辦法完全整合自我的想法，但是這種自我展現的機會，會幫助他跟爸媽表達，而從爸媽等待自己表達的過程中，寶寶會經驗到與爸媽的區別，因為爸媽的反應不見得百分之百都跟自己的經驗符合，於是有些不一致提供了機會讓寶寶建立自我感（原來我跟爸媽不是一體的），才能往個別發展的道路前進。

在這要分享一個好消息，六、七個月大的寶寶比較不會一睡醒就哭，如同前面提到的，他們可能忙著玩自己的手腳、發出聲音，或東看西看。因為動作發展的進步，寶寶現在對外在世界的興趣不會比照顧者少。認知能力的發展，讓寶寶在互動中有更多的主導性，例如一樣玩躲貓貓，現在的他可能會自己把臉遮起來，主動與爸媽玩躲貓貓。

透過每天這些溫暖的親子互動，讓爸媽與孩子建立起堅固的親密感，寶寶也在記憶著主要照顧者抱自己的手感、他們聞起來的味道、他們安撫的方式等等，並由此形成寶寶對照顧者的偏好。這也是為什麼九到十個月大的寶寶容易有陌生人焦慮，當較少見面、不熟的阿姨或嬸婆要抱他時會大哭。這不是他閉俗、害羞或不夠大方，而是因為已經對爸媽建立了獨特的感情，他的哭其實是在表達「我不要你啦，我要的是我爸爸媽媽（主要照顧我的那個人）」。

有的長輩會說「孩子這樣不大方」，但是從發展的角度來看，這個不大方反而讓人覺得安心，因為寶寶已發展出對陌生人的焦慮感。這個發展是很重要的，人的社群就是奠基於我們有能力分辨出自己與其他人的親疏遠近，對陌生人的焦慮感，意味著寶寶學會了誰對他最重要，這是他第一個親疏遠近的經驗。

◎十一個月～一歲多

心理的發展與身體動作的發展息息相關。十一個月到一歲半的寶寶，會用快速爬行或走到角落的方式，練習離開照顧者，主動去探索環境。他不再只是用口腔方式去體驗東西，開始會用敲敲打打或丟東西等不同方式，去體驗環境中的各種物件。不過，再怎樣興奮地離開幾步去探險，他們還是會記得再度靠近爸媽，感受一下親密的愛。

這個階段要怎麼享受與寶寶在一起呢？在《愛上當爸媽這件事》的第四章，我依照不同月分來建議如何增進安全依附關係，大家可以參考。當然最重要的是，當我們跟寶寶在一起的時候，能夠真心地感覺到寶寶好可愛、寶寶很好玩。孩子兩、三個月大時，是我們玩玩具給他看，或是我們玩他的手腳與他一起活動（例如抓著他的腳做踩腳踏車動作，或是抓著他的手拍手）；到四、五個月大時，可以讓寶寶飛高高；五、六個月大時，可以讓寶寶在我們膝蓋溜滑梯，甚至把他放在紙箱裡推著移動。光是身體接觸或移動，就有許多不同的玩法。

另外一個很棒的互動，是親子閱讀。雖然距離孩子上小學還很久，但可以現在開始培養閱讀的素養。我們可以翻布書吸引他，讓他觸摸布書裡不同的質感。等寶寶大一點，可以讓他自己翻書，我們再講幾句對應書頁裡的故事。這個時候建議照著寶寶翻書的速度，參考插圖編個簡單的故事，不一定非得照著故事書的內容講。我們可以用自己的聲音變化，加上一些音效或模仿人物、動物的聲音，讓故事變得更生動。戲劇化的聲音可以吸引孩子的注意力，讓孩子感覺很好玩。

等寶寶可以自己坐著、拍手或抓東西時，除了玩玩他的手和腳、捏捏腳趾或手指唱手指謠，還可以開始跟寶寶一起玩玩具。例如，疊三四個布積木讓寶寶推倒、拿紙盒與木湯匙讓寶寶敲打，或抱著寶寶模仿走路等等，都是讓寶寶感覺有趣的活動。

跟寶寶一起玩的時候，他們通常會睜大眼睛感覺新奇或是笑起來，看到寶寶這樣的反應，就表示我們做對了。好好享受這個時刻，因為寶寶喜歡跟我們一起玩呢！

新手爸媽第一年的帶養挑戰

接下來，我將跟爸媽們分享第一年的挑戰，做好一些心理準備。速度快的話，三到六個月的期間寶寶會開始長牙，通常從下面的兩顆門牙開始。長牙時牙齦會腫痛，寶寶容易因感覺不舒服而哭鬧。如果你不確定是否因為長牙的關係，可以把手洗乾淨後，摸摸寶寶的牙齦，感覺一下牙齦是不是比較腫，有時甚至摸得到即將冒出來的小乳牙。

這個時候，可以將固齒器放到冰箱，偶爾拿出來讓寶寶咬著「冰敷」，讓他舒服一點。寶寶這時的哭鬧，也意味著正為接下來的發展準備——接受固體食物的日子不遠了！不過從三、四個月大開始，孩子白天醒著的時間變多了，會發出聲音要我們跟他互動，寶寶變得越來越好玩。

四個月的寶寶學會翻身後，帶來的挑戰是我們不能再把寶寶獨自留在沙發上了。當年我買了個搖椅讓寶寶斜躺在上面，繫好安全帶，把椅子放在我旁邊，讓她可以看到我，也讓我可以邊忙邊跟她說話。當然寶寶有自己的感受，不見得喜歡一直被綁在椅子上，所以我也會用背帶把她背著，或是把她放在地上的小毯子上躺著。如果家裡是磁磚地板，建議買個巧拼地墊比較安全。雖然不是一直抱在手上，卻跟孩子很靠近，她抱怨或哭的時候可以馬上反應。

到了五、六個月大，寶寶會開始抓東西，這是手眼協調的重要發展。此時最讓爸媽傷腦筋的，就是寶寶抓到什麼東西都會放到嘴巴裡。在這個後疫情時代，難免讓人很擔心。雖然擔心，但寶寶還是很需要用口腔方式來體驗世界。抓取能力的獲得，也常在大人抱寶寶時上演：抓大人的眼鏡；拿給他的東西，他會鬆手讓東西掉下來，所以就會經常上演「你丟我撿」的戲碼。這時布製玩具就派上用場了，因為滾不遠，彎腰就能撿到。我朋友甚至乾脆把玩具綁在寶寶手上，就算他丟也只會垂掛在手臂，不會滾遠。

當然，這個階段還有另一個重大的發展，就是寶寶開始可以接受固體食物。有些寶寶在四個月左右就會出現厭奶情況，因為嬰兒時期有許多生理因素是爸媽用常識無法判斷的，如果寶寶喝奶情況不理想，記得諮詢小兒科醫師是否可以開始給寶寶嘗試固體食物。

伴隨固體食物而來的問題是：要不要自己做？如果要，如何找出時間做？記得當年我們是買小玻璃罐，週末時做好固體食物放冰箱冷凍，要給寶寶吃的時候再放到電鍋蒸。我和先生兩人都當成好玩的事來做，所以不覺得麻煩。不過，如果因為上班太累或隊友無法幫忙，想買現成的當然也沒有關係，不要因為非得怎樣而搞得人仰馬翻，因為再幾個月後，寶寶就可以開始吃稀飯或麵類的食物了，所以記得提醒自己這只是個過渡階段。

開始吃固體食物時，要記得在餵寶寶時，留意你們雙方的感受是什麼。如果餵食過程中有爸媽的強迫、寶寶的拒絕或寶寶哭了，可能需要停下來想想發生了什麼事。是不是我們太希望寶寶喜歡自己準備的食物，太希望寶寶吃得好？是不是我們急切地想快快餵完，或一次就想餵很多？這些都可能讓寶寶感覺不舒服，產生抗拒。

回想起來，我自己也曾有過類似的情況。後來我想到，可能是因為每次都要等到餵完寶寶才輪到自己吃飯，所以如果孩子只顧著玩不想吃，我就會因為自己太餓變得不耐煩。幾次之後，我決定在餵孩子前，先吃幾口食物墊墊胃，神奇的是，這個方法真的讓我不再對寶寶感到不耐煩了（也順便了解到自己是個不耐餓的人）。

接下來七、八個月大到一歲多，寶寶會開始練習許多動作，包括學坐及爬行。這個階段既令人興奮，也容易讓人疲累，因為當孩子開始會移動，但又沒有任何「危險」的概念時，感覺我們需要亦步亦趨的看著。所以下半年的帶養挑戰，就是如何在寶寶碰得到的範圍內，確保他會碰觸到的東西都是安全的。例如，沒有使用的插座要擋好，放在地上的危險物品（如洗潔精、漂白水）、掉在地上的東西，甚至是過長的窗簾拉繩等，都要收好收短，因為這個階段的寶寶還是很習慣以放進嘴巴的方式來認識新奇的事物，他們的好奇很容易造成危險。

在寶寶忙著練習動作的過程中，**最重要的是我們跟寶寶分享的興奮與鼓勵**（在孩子嘗試某個動作時，我們拍手、讚美他好棒）。寶寶很需要我們的協助與鼓勵。越來越活潑的他們會從這些動作裡練習協調性，也會用不同的視野開始體驗世界或是表現出自己的意圖。

我個人喜歡跟爸媽們分享，不妨把這段時間看成增加自己活動量的減肥時機。為了隨時護著好奇探索的寶寶，我們的活動量會變多，雖然比較累，但也消耗了更多的熱量，這樣想或許會讓自己高興一點。

我自己當時的做法，就是跟先生兩個人把所有放在下櫃的東西都換成摔不破的或塑膠類的，所以我們沒有鎖櫃子。當然，如果擔心寶寶會夾到手，也可以只保留一兩個櫥櫃不要上鎖，讓寶寶自由探索。等到孩子動作已經很穩的時候，我們還用圍欄圈出一塊安全區域，我還記得當年坐在旁邊吃飯，寶貝在圍欄裡眼巴巴看著我們的樣子，真的是很可愛。

聽到寶寶哭，該戰還是逃？

看到寶寶在成長過程中逐漸發展出各種能力，常讓爸媽振奮不已，但很多時候爸媽的難題是：寶寶愛哭怎麼辦？

真的，帶養最累的一點，就是寶寶難以安撫的哭不停。有個研究讓大學生在密閉的機艙中，聽循環播放的嬰兒哭聲，然後以生理檢測的方式來看嬰兒哭聲與大人腎上腺素飆升的關聯。結果發現，即使這些大學生都還沒有為人父母，但在連續聽了二十分鐘的哭聲後，每個人的腎上腺素都飆升到讓他們進入「戰」或「逃」的情況。

還沒當爸媽的大人在聽到寶寶哭都這樣了，那麼換成是自己的孩子持續哭又安撫不住的時候，爸媽的腎上腺素飆高應該不用到二十分鐘吧！研究指出，大人對嬰幼兒的哭聲會有壓力，是為了提醒大人趕快解救在哭的孩子，所以這是很自然的生理反應，我們在安撫孩子之前，先要穩定自己想「戰或逃」的本能反應。

相較於前面談到應對寶寶哭鬧的重點（例如敏感回應、耐心安撫），這個階段的重點不太一樣。在這個階段你要更關注的是，寶寶的氣質或生理上的成熟度如何影響到他的哭與不哭。

首先，是關於寶寶本身的氣質。如果我們花點時間去新生兒科的嬰兒室觀察，就會發現有的孩子哭起來很大聲，有的孩子哭起來很文雅，為什麼會這樣？答案是：寶寶會帶著他自己的獨特氣質來到這個世界，這種氣質可能是情緒強度較強，也可能是堅持度比較高，或是活動量比較大等等。

要說「氣質」是受基因的影響，或寶寶與生俱來的性格，甚至是寶寶自己的決定，都可以。總之，有些寶寶比起其他孩子更容易哭鬧（這也是為什麼前面說到最後一個孕期，媽媽的情緒維持平穩很重要），意思就是孩子的哭鬧，或許是他原本就愛哭得很大聲。有些爸媽或許會因為寶寶的氣質與自己想的很不一樣，而感覺到有點失落。

我自己有個孩子出生時才兩千七百公克，看到寶寶瘦小的樣子，讓我感覺好失望也好自責，一旁的護士對我說：「你如果該吃的都吃了，就不需要自責，說不定是孩子自己想當個瘦瘦的小寶寶。」我很感謝這個護士對我說的話，從此我常常提醒自己孩子有他們先天的脾性，當爸媽的就做自己能做的，孩子自有他的因緣際會。

除了氣質以外，頭兩、三個月寶寶的器官都在發展中，從獨立運作到互相協調難免需要一些磨合與練習，於是各種生理上的不舒服，也可能讓他們容易哭鬧。最典型的例子，是有些嬰兒會因為腸絞痛（有些醫師認為不見得是胃腸問題）在傍晚哭鬧不停，這樣的情況在出生到四個月之間最容易發生。所以在安撫孩子之前，我們要先了解寶寶可能的發展狀況，穩定自己想「戰或逃」的本能反應，才能真正好好安撫寶寶。

視覺安撫、聽覺安撫及觸覺安撫

「社群性的生活型態」是人類這個物種演化的終極智慧，所以能夠與他人互動，甚至能夠去愛與被愛，不管對腦部發展或是日後社會化的培養，都是非常重要的。而這樣的成長，就來自爸媽每天從互動中傳達給寶寶的感情。

在七〇年代有美國學者發現，在每天面對面的感情交流裡，兩、三個月大的寶寶可以和媽媽透過眼神注視、微笑及彼此對話（發出寶寶音），建立起同步的情感。

這些互動，包括關愛眼神與溫暖表情的視覺安撫、語氣和語調的聽覺安撫，以及被溫柔抱起來疼愛時的觸覺安撫，建立起媽媽和寶寶之間右腦對右腦的交流。也就是說，媽媽很直覺式的（也就是用右腦）跟寶寶互動，直接促進了寶寶右腦的發展，這樣同步的來回往返，可以幫助孩子學會人跟人之間的分享與經驗，孩子也能從與爸媽的溫暖互動中，學會如何去跟另一個人互動，甚至是跟另一個人相愛的能力。

寶寶是獨特的個體，就像大人一樣，對於「舒服、可以安撫自己」的方式會有自己的偏好，所以在不同的嘗試過程中，不妨去觀察寶寶到底喜歡什麼方式的安撫。除了給予關愛的眼神、溫暖的聲音及抱抱，視覺型的安撫還包括拿玩具搖鈴吸引寶寶，聽覺型的安撫可以唱首寶寶喜歡的兒歌或音樂，而觸覺型的安撫除了抱抱，也可以用包巾把寶寶裹起來，更包括嬰兒按摩。

在每天的互動中，可以嘗試不同的安撫方式，看看寶寶比較喜歡哪一種，下次就可以先用這種方式讓孩子安穩下來。別忘了，心理學家的實驗已經證明，寶寶的健康成長除了來自足夠的營養，情感的傳達也不可或缺，爸媽右腦對右腦的即時回應安撫，還有透過表情、眼神及語氣所傳達給寶寶的溫暖情感，都有助於寶寶健康成長。

深呼吸，讓自己情緒平穩

嘗試不同的安撫方法很重要，不管是前面提過的「包搖吸側噓」，或是視覺、聽覺、觸覺安撫，透過這些方法，我們與寶寶一起摸索，藉由觀察寶寶的反應，開始理解他的喜好。在這個過程中，要讓寶寶感覺到溫暖的情感，我們想要安撫他的心意，這些情感、心意都會從我們的肢體、表情或語氣傳達給孩子。因此安撫時，爸媽如何讓自己情緒維持平穩，給予寶寶溫暖的感覺，是很重要的。

想要維持情緒平穩的第一點，是體認到自己一定會有不知道該怎麼辦的時候，例如不知道孩子為什麼哭。允許自己焦慮，不要覺得難堪，所有的新手爸媽一開始都是這樣的，因為都還在不確定中摸索。事實上，就算是孩子已經好幾歲了，爸媽也可能遇到自己不確定的狀況。所以在嘗試不同的安撫方式時，要給自己跟寶寶一點時間，不要因為孩子沒有馬上安靜下來，就緊張的更換方式。大人一直換方式換姿勢，反而讓寶寶感覺到大人的焦慮。多花點時間，一邊安撫一邊觀察，如果覺得自己的情緒快被挑起了，可以換人安撫。

有人可以輪替安撫是理想的狀況，但如果白天只有你自己照顧寶寶，沒人可以換手也無法按下暫停，建議可以戴上耳塞減低聽到的哭聲，再繼續安撫。對於原本就無法忍受噪音的爸媽，這個方法特別重要。你會發現噪音減量，對增加安撫的耐心非常有幫助。

愛哭鬧的寶寶較難帶，可能影響到他未來的發展，但是別忘了，孩子的人格特質除了先天的氣質與基因之外，還受到後天親子互動的影響。既然改變不了寶寶先天的氣質或基因，那麼後天的親子互動就是我們可以掌握的。所以當孩子哭鬧得讓我們受不了時，學著先按暫停，等自己的情緒穩定後，再繼續嘗試安撫寶寶，緩解他的負面情緒。當他逐漸理解不用那麼劇烈表達，我們也能接到他的訊號時，自然就不用再哭得太厲害。

關於「暫停」，前面章節曾介紹過，如果真的受不了了，可以先讓自己抽離開來，將寶寶暫時放置在小床上（或其他可以確保安全的地方），自己稍稍拉開距離、做些深呼吸，幫助自己緊繃的生理系統緩和下來，然後再繼續回去安撫大哭的寶寶。這種來來回回的安撫也是不錯的方式。

身為爸媽，並非只是一味要求自己無條件愛孩子、不能有情緒，而是要理解自己在孩子哭時腎上腺素會被激發，這個時候要學著覺察自己的情緒，不要被情緒牽著走，做出讓自己後悔的事（千萬不能大力搖晃寶寶，寶寶會傷到腦）。

各種生理上的不適，也是造成寶寶容易哭鬧的原因。除了爸媽最常猜的肚子痛或尿布濕，以及之前提過的腸絞痛之外，有時候寶寶自己用力放了個屁或身體突然抖動了一下，也可能被自己嚇哭。其中，要特別提到的是狀態的轉換，除了肚子餓或尿布濕這些明確的原因，還包括讓人不舒服的過渡狀態，例如：想睡但睡不著；剛睡醒但感覺還沒完全清醒；或甚至是大人陪玩太瘋，讓寶寶感覺負荷過度等等。

就算是大人，面對過渡狀態也會覺得苦惱——明明起床了卻還是昏昏沉沉，或是明明很累了卻睡不著。只不過大人不會哭，因為已經清楚自己的狀態，知道雖然不舒服，不致有什麼威脅。但對寶寶來說，他們並不知道這不舒服的感覺是什麼，當然會害怕，而害怕時他們唯一的方式就是呼救，他們的呼救當然就是大哭。

上面的解釋，希望有助於爸媽理解，寶寶會為了擺脫不舒服的感覺而呼救，或是被身體上的體驗給嚇到大哭。對爸媽而言，更重要的是幫助寶寶知道這些恐懼或不舒服不會傷害他。

事實上，幫助孩子就是幫助我們自己。當我們穩住自己，耐心安撫孩子時，在生理上，他被恐懼或不舒服所激發的壓力賀爾蒙得以緩解。更重要的是，孩子學到原來在他體驗到肚子餓或不舒服的時候，都會有人保護他，當他感覺安全的同時，身體也開始發送自我安撫的賀爾蒙。不論生理或心理上都受到安撫的這個歷程，寶寶的大腦會分泌更多的催產素，幫助大腦建立分泌多巴胺與催產素的生理機制，日後會自然形成寶寶自我調節的神經迴路。

安撫時可以多跟寶寶說話，我們的手勢、表情和語氣都是安撫的一部分，可以溫柔地說：「爸爸不知道你為什麼哭耶，臭爸爸對不對？不過我們來看看怎麼樣讓你舒服一點。」也可以對著孩子解嘲地說：「啊～又要哭哭了！因為我只會哭不會說啦。」或是同理寶寶：「抱抱不好嗎？抱一下看看好不好……說不出來好難過喔。」或是開玩笑：「以後爸爸媽媽要在你婚禮上放這段這麼大聲的……嘿嘿嘿。」不管是同理、溫柔或是解嘲，都能傳達「我在這裡，別害怕」給寶寶。在出生後的第一年，爸媽越能敏銳呼應寶寶的情緒，寶寶越能夠成為一個穩定的孩子。我以身為兩個情緒穩定的高中生媽媽見證，一開始的辛苦嘗試安撫，最後受益的，真的就是自己。

看看懷裡這個軟趴趴的小小人兒，不覺得很神奇嗎？短短幾個月，你就會看到這些驚人的成長，而隨著這些發展，我們也會在不同的時間點調整我們的帶養方式。雖然要跟兩人世界說再見，但在新的三人生活裡，看著自己的孩子，看著在互動中笑得那麼開心、露出小小牙齒的他，這個完完全全來自我們兩個、成長中的小可愛，就會覺得一切都值得了！

寶寶不要你的犧牲，要的是你的回應

在照顧寶寶的過程中，難免會有許多事讓我們掛心——寶寶有沒有喝夠奶？排便正常嗎？能不能乖乖順利睡著？……現代社會的新手爸媽們常為了解決困惑，泅泳在知識訊息的大海中：我們會接觸到網路上專家學者的文章，以及來自臉書社團、親朋好友的帶養建議，但有時候同一個疑問，獲得的訊息卻可能不太一樣。到底該如何照顧孩子，孩子才會平安順利成長？怎麼做，才能讓孩子身心健康發展？要用什麼方式帶養，孩子日後才能獨立，並在成長過程中與我們維持良好的親子感情？

在《愛上當爸媽這件事》這本書出版後，有一位莉娃老師寫了篇很詳細的推薦文，提到她先生覺得我的書是屬於「超親密派」，讓我覺得很有意思。不過我不確定一般人對於親密育兒的理解，是不是還停留在無條件的愛與接納，誤以為必須完全地犧牲自己來滿足寶寶的需求。其實，所謂的親密育兒並不是什麼新奇的概念，從生物學角度來看，人類的嬰兒比起其他哺乳類幼兒來說要脆弱許多，所以將寶寶放在自己身邊親密帶養，本來就是一種演化的智慧。

如果不是犧牲自己來滿足孩子，那到底是什麼呢？這幾天看到有個孩子一歲五個月的名人，在她的媽媽經分享中，奉勸大家能不要生小孩就不要生小孩，因為真的太累了。我相信她就是覺得照顧孩子犧牲了自己。

每個人看事情的角度會影響到各自的感受。感覺自己犧牲了自由，就會覺得委屈；認為自己盡力了，就容易看到希望；聚焦在互動的過程中，就會看到雖然為了對方而有所妥協，卻也有收穫。不需要讓別人影響自己，專注觀照自己的感覺，就會看出自己感受的來龍去脈。

以嬰兒期來看，寶寶並不是要爸媽完全犧牲自我，他們需要的是爸媽能夠即時回應他生理及情感上的需求。因為得到回應，寶寶會開始感到安心，感覺這個世界回應了他的需求，進而感覺自己是有價值的，所以不再被原始的生存焦慮攻擊，開始放心地發展各個不同層面的能力。這樣的回應會隨著孩子的發展有所調整，從一開始的無微不至，到寶寶四、五個月大後的逐漸鬆手，再到日後的全然放手。我自己覺得回應孩子的情感需求，才是身為父母最重要的工作。透過我們的回應，孩子擁有了愛的能力，能夠積極、有自信、有活力的成長與發展。於是當孩子成長進步，能夠以他的方式回應我們時，育兒不再是犧牲，育兒也是成就感跟愛的體驗！

寶寶有安全感，就會勇敢探索與學習

國外的神經生理研究發現，嬰兒期照顧者直覺式的敏感回應，讓爸媽與孩子進入了一種「右腦對右腦」的連結狀態。美國加州大學洛杉磯分校（UCLA）知名的神經生理學家夏爾（Allan Schore）談到，爸媽的情感回應，會形塑孩子右腦神經迴路所形成的一個隱微的自我感，連結了身體的情感經驗進入潛意識，對孩子日後的動機與創造力影響甚大。許多人在談右腦開發，殊不知這些直覺或創意的來源，其實與嬰兒期照顧者用溫暖情感的方式來回應孩子，有很大的關聯。

不只是右腦，連大腦結構都會因為互動而被形塑。十年前就有研究發現，如果早年親子之間的依附情感是不安全的，會影響寶寶大腦中海馬迴的大小及細胞密度。大家都知道海馬迴有許多功能，例如長期記憶中的陳述性記憶*，所以海馬迴的功能與日後的學習息息相關。你看，越玩越聰明、越互動越有幫助是真的，而且你們之間每天發生的事都會幫助寶寶發展。

在寶寶還這麼小的時候，爸媽都希望他可以長成一個好帶又健康發展的孩子。但是，到底什麼樣的帶養可以讓寶寶變得容易安撫又溫和呢？這邊我要跟大家分享一個著名學者的話，他說：「如果一個寶寶感覺得到愛與安全感，他的大腦就會把精力放在玩、探索與學習。」

想像一下，你幫寶寶換衣服時，你看著他、跟他說話、對他微笑，他睜大眼睛可愛地看著你，聽你說話時笑了起來，你被他的微笑吸引，笑得更開心，還輕輕地搔他的癢，他咯咯地笑起來。你看他這麼可愛也笑出了聲音，你繼續搔癢直到他有個不一樣的表情，把臉轉向其他地方。你讀到這個訊息，覺得孩子在告訴你他玩夠了，於是你也停下來不再繼續刺激他。

這個過程每天上演，即使每次的過程只有幾分鐘。就是這樣的互動過程，讓孩子感覺到愛與安全，寶寶知道你懂他何時玩夠了。寶寶所經驗到的叫做「情感的同調」，他在跟你來來回回的同調裡感覺安心、安全，於是他的情緒被這種安全感調節了，就像是在這些經驗中，他明白負面感覺不可怕，因為你會在他身旁接住他。

由於要仰賴照顧者才能生存，所以寶寶可以很敏感地感覺到照顧者的情緒狀態，這也是為什麼憂鬱的媽媽，養出來的寶寶也會跟著沮喪。所以每一次爸媽充滿慈愛的抱抱，都是在調節寶寶

＊編按：又稱外顯記憶，是指可以在有意識下具體描述的記憶，比如生活中的經驗及學來的知識。

的壓力賀爾蒙，並促進他的生長激素，讓他感覺安全。每一次爸媽讀到寶寶「玩夠了」的訊息並尊重他，不強迫他繼續互動，就能讓孩子感受到自己是有能力表達與溝通的。

當然不要小看我們在安撫過程對孩子說的話，例如：「不哭不哭，媽媽知道你想要被抱抱了。」正是這樣的語言、表情與互動，形成了寶寶心裡的「標記」。這些情感標記對寶寶來說是重要的，因為有標記，他才會逐漸明白自己的情緒與內在狀態。從這些早期的照顧過程中，寶寶經驗到情感的來來回回，這對他日後調節情緒的能力有著深遠的影響。因為感覺安全，感覺外在世界可以了解、也願意安撫自己，寶寶當然不用一直用高強度的方式來宣洩，或是一直陷在情緒的風暴裡。

挑一件事，每天花二十分鐘

溫暖回應寶寶或陪玩，跟寶寶說話或互動，是建立感情的重要法門，也是讓孩子感覺到愛與安全的不二法則。但如果自己是職場父母，工作一天後感覺被掏空了，回到家只想放空，怎麼辦？

我曾經是全職媽媽，也是職業婦女，所以很能想像這兩種選擇的辛苦。回到家已經很晚了，又希望孩子不要晚睡，當然就壓縮了我們放鬆與孩子相處的時間。不管是全職媽媽或職業婦女，我覺得能夠回應孩子的不二法則是：不要讓時間壓迫自己，至少挑一件照顧的事放慢速度來做。

這裡，我想**再次**強調：只挑**一件**照顧的事就可以了。例如，睡前餵寶寶，或幫寶寶換衣服時幫他按摩手腳，只挑一件照顧的工作，放慢速度從容的與寶寶互動，讓寶寶感覺得到我們的愛。

請記住，想教出聽話的乖寶寶，有個重要的前提——孩子得是情緒平穩健康發展的。因為我們可以同理寶寶，因為我們願意承接他的情緒，因為我們願意跟他互動，願意示範引導，所以寶寶不需要暴怒、不需要攻擊，也不需要一天到晚唱反調。所以，如果希望自己有個聽話的好孩子，就要先給孩子愛與安全感。

記得當年是全職媽媽時，很愛在寶寶洗完澡後幫她們擦乳液。我跟寶貝們暱稱擦乳液是幫她們「油寶寶」，讓她們皮膚不會太乾。幾天前，臉書的動態跳出八年前的貼文，是老二自己洗完澡大喊：「爸比媽咪，可以幫我油寶寶嗎？」然後先生過去幫她擦乳液，她因為怕癢咯咯大笑。這樣的美好回憶，我看著看著眼眶就濕了，如今孩子都已經是大人的身高了。問她記不記得油寶寶的事，高中生的她笑了笑，靦腆地說記得，後來就靠過來撒嬌一下才走開。知道嗎？未來的日常幸福感，就是由過去那些甜蜜被愛的記憶所累積起來的。

只要挑一件事，花個二十分鐘用心的放慢速度去做，每天累積的幸福感，無價！

看！寶寶正在培養這五種能力

即將一歲的寶寶，每天吃睡玩，到底長了哪些能力？我們為寶寶所做的一切，對寶寶的幫助是什麼？以下我想跟爸媽們分享的是，如何跟寶寶建立依附關係，如何透過親子互動來促進寶寶的發展。

一、爬行與探索

爬行是很大的成就，不只是因為動作或四肢的協調，更重要的是心理層面，這是寶寶第一個能夠掌控何時離開、何時尋求安撫的里程碑。從爬行開始，我們可以看到寶寶是如何在親密依附和自主探索中來來回回。如果寶寶與照顧者建立起安全的依附情感，我們會看到一個對周遭充滿興趣的寶寶好奇張望，或是不斷地探索和嘗試，在他感到緊張或焦慮時，他也會爬回到照顧者的身邊確認安全。

在這個「分離」、「重聚」的過程中，寶寶經歷到自己可以專注在探索或玩耍一小陣子，一旦感覺到需要確認時就回到爸媽身邊，雙方馬上可以重溫親密感。在這樣的反覆練習中，孩子慢慢的會將這樣的安全感轉化成內在的自信與自我感。

二、察顏觀色（社交參照）

還有另一個很重要的能力會在這個時期萌芽：寶寶們在探索過程中，如果遇到陌生、不確定的情境，一定會回頭看爸媽的表情，希望藉由參考爸媽的表情來決定下一步應該繼續或停止。這樣的參考行為，當然也建立在良好的親子關係上。能夠參考爸媽的表情來決定自己的下一步，孩子就不需要在遇到陌生情況時就讓腎上腺素激發，這對寶寶的身心健康大有幫助。

三、模仿

在十個月大時，寶寶除了開始出現「陌生人焦慮」（對陌生人產生警戒、不安等情緒反應），父母的愛還會幫他們發展出更多能力，例如因為愛爸媽，寶寶開始會觀察並模仿他們的行為。

模仿是一項很重要的發展能力。大約在一歲左右，寶寶的手眼、動作都更為協調順暢，也更具探索與發現的能力。此時他開始展現更多自主性的活動，來到模仿大人行為的階段，例如模仿拿湯匙自己進食，或是把手舉起來配合換衣服，看到媽媽拿抹布擦桌子，他會抽面紙來擦椅子等等，讓爸媽瞬間感受到寶貝的成長。模仿並不是簡單的事，不僅需要仔細觀察、嘗試理解過程是什麼，還需要手眼協調，並記住行為的順序。孩子的發展多麼奇妙，動作能力的獲得及提升，讓他們可以模仿他人，不僅從過程中得到成就感，同時還可以將模仿行為的目的，內化到自己的認知層面。

四、溝通

一歲到一歲半的寶寶，不管是走路搖搖晃晃或是已經可以跑來跑去，都已經不再是當初那個襁褓中的嬰兒了。現在他的表情更豐富，更能傳達不同的情緒，所以對爸媽來說，也更容易解讀寶貝的感受。

在能夠真正說話溝通之前，一歲多的幼兒會用許多動作來輔助表達自己的意思，例如用比的或是指著自己想去的地方。大一些的幼兒甚至可能直接點頭說「好、好、好」，或要你抱他去拿他要的東西，還有的幼兒搞不清楚「你」與「我」的主詞受詞，叫著「抱你抱你」（其實是抱我抱我）。不要小看父母回應這樣有限的溝通，爸媽每一次耐心地回應寶貝這些動作或錯誤的語詞，都是在增強孩子的表達意願，並透過這樣的溝通與回應增進彼此的了解。

五、試驗與操作

孩子不再滿足於只是看著眼前的物件，還想試驗看看如何使用，並在使用的過程中，建立對這個物件全面性的概念，這對於孩子理解這個世界如何運作有很大的幫助。這也是為什麼放手讓這個年紀的孩子安全去探索，是如此重要。當然在他們探索的過程中，爸媽們可以一旁簡單解釋，甚至是示範引導，讓孩子在有人協助的情境下試著操作，這對他們的發展很有幫助。

以電視遙控器為例。在寶寶眼中，遙控器好神奇，一按畫面會改變，也能關掉畫面，這樣神奇的東西，對孩子當然很有吸引力。但是，如果孩子一直吵著要玩，講也講不聽，收起來他又鬼哭神號的，相信很多爸媽都會覺得很煩。那麼，到底該怎麼辦呢？溫柔又堅定的帶養方式，會讓孩子在一定範圍內去體驗使用，例如想開電視時可以請他幫忙，我們把遙控器拿在手上讓他幫忙按，操作完畢馬上把遙控器收起來，稱讚他的幫忙，告訴他待會要關電視時再請他幫忙。在這樣的引導下，孩子感受到的是自己可以被允許在一定範圍去經驗，而不是一味地被禁止；另一方面，爸媽也不是完全退讓，放任孩子愛怎麼玩就怎麼玩。

愛孩子，也要自我實現

大部分的爸媽在寶寶出生後，常會面臨這樣的抉擇：是否要育嬰留職停薪？在經濟壓力與全心陪伴孩子成長之間，如何取得平衡？接下來，我想談談很多媽媽都曾有過的掙扎：生完小孩後，要不要請育嬰假？育嬰假結束後，是要回去上班，還是因為孩子成長只有一次，考慮當個全職媽媽？如果回去上班，不能隨時陪在孩子身旁，會對他的成長造成什麼影響嗎？

我們都知道，現代社會有很多家庭的經濟壓力大，夫妻雙薪才足夠應付家庭沉重的開銷。當然，我們也看到有不少媽媽就算有經濟壓力，仍然希望當個全職媽媽，有更多時間陪伴孩子。

如果因為工作而不能陪伴可愛的寶寶，有些媽媽會因此感到內疚，覺得自己虧欠了寶寶。但是為了陪伴孩子而少了一份收入，或是離開自己辛苦耕耘的職場，也會讓人覺得沒有安全感或不甘心，還有人擔心日後無法順利重返職場。

另外，有些新手媽媽會懷疑自己不適合當個全職媽媽。她們不是因為經濟壓力而放棄當全職媽媽，而是覺得自己脾氣壞、沒耐性，根本不適合帶孩子，如果自己帶，反而會造成親子關係緊張。因此，她們乾脆選擇去上班，把寶寶交給保母帶。但即便體認到自己的限制，心裡還是多少會有些內疚。

為什麼這裡的敘述對象是媽媽呢？因為照目前社會的氛圍來看，育兒留職停薪的人似乎更傾向是媽媽一方。這個議題與兩性在育兒上的公平性、女性在育兒上承接了更多的社會壓力，或甚至是對家庭勞務的期待，都有千絲萬縷的關係，但在此我想聚焦的是，在這些抉擇過程裡，如何幫自己成為一個快樂的媽媽。

關於這個主題，我想關鍵點在於每個人想要的生活都不一樣，每個人想當什麼樣的爸媽，答案也都不一樣。那麼身為爸媽，有可能同時完成「自我實現」和「與孩子培養溫暖感情」嗎？

我認為，當然是可以的。我自己就是這樣，我身邊也有好些這樣的例子。有朋友選擇當全職媽媽，將經營家庭與帶養孩子當作自己的志業，很認真地維護家人之間的感情，過得很幸福。我有個日本朋友很讓我佩服，由於日本的文化是先生都會工作到深夜才回家，為了讓每天晚歸的先生可以享受到家庭時光，她在週間每天都晚上九點就跟孩子們早早就寢，隔日清晨五點起床準備豐盛的早餐，讓全家人可以聚在一起吃早餐，迎接美好的一天。

我也有朋友是某大公司的法務長，就算工作再忙碌，還是每天奔波搶在最後一分鐘接孩子，週末也努力抽空陪孩子參加各種活動，彌補親子情感。

他們絕對不是一開始就能找到平衡點的，我相信那個清晨五點就起床的朋友，一定也曾度過一段不開心的偽單親時間，在長期看不到先生的晚餐餐桌上，決心不能再讓先生在孩子的成長路上缺席。我朋友在被升遷到法務長的位置之前，也曾就如何平衡工作與育兒需求，找我進行沙盤推演及討論。

所以我想跟大家說的是，我們看到他人的幸福或溫暖的親子關係，都是他們嘗試與調整所累積出來的結果。他們不是以犧牲的角度來看待這樣的付出，反而是以「我到底想選擇什麼」以及「雖然辛苦，但這是我的選擇」這樣的角度來看這些決定。或許有些人會覺得：「天啊，每天五點起來做早餐，不是很辛苦嗎？」但對我朋友來說，卻是平衡現實狀況與自己期待的最好做法。

社會期待成年人能自己解決問題。大人與小孩最大的不同，就是大人不會卡在同一個困境一味抱怨，或是期待有人主動來幫助我們，因為我們已經明白成年人的生活是辛苦的，沒有人有義務為其他人解決問題。所以不管是自己努力調整、跟朋友討論或是諮詢專業，有問題時我們都會先設法自己找出解決方案。

在我當媽媽的經驗裡，我學到最重要的一點，就是不管選擇上班或是全職帶養，一旦做了決定就不要想太多，先全然專注在當下就可以了。

比方說，如果你決定當全職媽媽，那就坦然接受不工作帶來的影響，例如少了工作上的成就感、覺得自己和其他同儕脫節、少了很多社交活動等等。但獲得的是每一天你跟孩子所培養的親密感，以及不再被時間壓迫的彈性，你將見證到孩子每一天的成長，感覺自己是世界上最懂他的那個人，並在這樣的生活裡覺得安穩。

如果你決定繼續上班，當然也很好，但要讓自己安住在這個決定。不要在工作時感覺內疚，掛念著自己沒有好好陪孩子，回到家又因為太累，無法專注於寶寶或家人的互動，而覺得自己是蠟燭兩頭燒。

不想放棄工作，做好這四件事就可以了

自我實現與愛孩子這兩件事並不衝突，對於選擇重返職場的你，我有幾個提醒。

一、托育的選擇，要跟另一半討論好

選擇托育，相信是你跟隊友討論過，覺得是對小家庭的你們來說最好的選擇。至於托育時考慮的重點，在我第一本書《愛上當爸媽這件事》中有介紹，多看幾家、多留意托育孩子的情況，仔細觀察保育員是否能跟孩子有溫暖的互動，這幾點都很重要。

二、接回寶寶時，要讓寶寶感受到重逢的開心

每天接寶寶時，跟寶寶有溫暖的情感連結很重要。讓寶寶感覺你很喜歡看到他，很開心與他又重逢了，對寶寶來說，每個溫暖眼神、每個溫柔擁抱都是愛的累積。

三、情緒平穩地陪伴寶寶

好好的花時間抱抱孩子，親親他，情緒平穩的餵他、幫他洗澡、幫他按摩手腳，一起讀故事，跟他說話、陪他玩。這些再平凡不過的互動，雖然是你清單上的待辦事項，卻是能讓寶寶感覺到你愛他的方式，也是你們一起創造「我們在一起」的美好時刻。

所以想要自我實現又想當夠好的爸媽，是可能的。最重要的是，在不斷的嘗試中找到平衡點。所謂的平衡，指的是「維持自己的身心健康」。身心健康的爸媽，情緒是穩定的、滿足的，自然容易兼顧不同的角色。

身心健康的自我評估，從觀察自己一整天的狀態開始。例如，每天情緒是否穩定？是不是經常暴怒或憂鬱？胃口、專注力或睡眠是否正常？有了孩子後，當然很難像以前一樣可以經常睡到飽，尤其是嬰幼兒期，但我這裡講的睡眠問題，指的是「難入睡」或「半夜容易驚醒」。當身心壓力太大時，就很容易影響我們的情緒與日常生活的運作。如果狀況不是太好，自己試著調整卻沒有太大幫助時，就該停下來想一想，並跟伴侶討論如何調整。

四、別逼死自己，只挑一件事慢慢做，從中感受自己跟孩子相愛

雙薪家庭最大的問題就是時間不夠，回到家可能已經筋疲力盡了，哪來那麼多時間陪孩子？

如果是這樣，那就挑一項日常的照顧活動，例如幫孩子洗澡，或跟孩子一起吃飯。只挑一件事，放慢腳步，全然投入去做、歡喜地去做，即便只有二十分鐘，也能創造親子親密互動的珍貴時刻。對寶寶來說，每天有這樣的二十分鐘讓他知道，爸爸媽媽會高興地回應他，這就是很棒的情感存款。

記得當年結婚後，有一次我跟密西根大學的恩師道格拉斯．戴維斯教授（Professor Douglas Davies）談到：「我有好多想做的事，我想工作幫助別人，我想當媽媽，當了媽媽以後我想全心全意陪伴孩子。可是我知道沒有辦法同時兼顧，怎麼辦？」戴維斯教授看著我，很認真地對我說：「人生很長，全心全意一次做一件事，你一定可以慢慢做到你想做的這些事。」他的話深深地影響了我，後來我決定先全職育兒，再逐步重返職場。事實證明，我不但完成了二十年前希望做的每一件事，還做到了許多我沒有想過可以做的事！

是的，長長的人生裡，我也想將他的話分享給你，只要全心全意投入到每個階段，給自己足夠的時間，你一定也可以找到自己的平衡點。

我們已經盡力了，為什麼還是有愧疚感

爸媽在面對育兒、家庭與自我實現這些選擇時，多少都會體驗到內疚感。我相信就算你是全職媽媽，不用因為上班而減少陪伴寶寶的時間，你還是有可能會因為偶爾要忙自己的事、不得不暫時放下寶寶，或認為自己在育兒上頭做得還不夠好，而多少感到愧疚。

為人父母似乎三不五時就會被愧疚感糾纏，而愧疚感的起因真的是五花八門：對孩子發脾氣、奶量不足、不確定怎麼做才是對的、寶寶吵鬧時無法很快安撫下來、不知道寶寶要的是什麼，以及很想做點喜歡的事而暫時不想理會寶寶。

其實，這些愧疚感正是愛的表現。就是因為愛孩子、愛這個家，希望能好好的帶養寶寶，希望自己的貢獻是有價值的，我們才會不斷在意識或潛意識層面想著自己到底做得夠不夠，因而感覺愧疚。適量的愧疚是好事，它讓我們反思自己跟寶寶的互動與關係，也讓我們看到可以調整得更順利的部分。不過，請記得提醒自己，如果經常陷在內疚中，就無法好好活在當下，反而更容易錯過些什麼。

我覺得面對內疚與自己的渴望，最好的方法是看到「我們」這兩個字。很多時候，我們覺得每日的教養都是為了寶寶，但以一個過來人的角度，我想說，其實不是我們特地為了寶寶去做這些事，而是我們在做這些事的時候，是和寶寶一起度過的，並且擁有、獲得了這些溫暖的感情。所以，不管是好的時刻或是不夠好的時刻，我們都是跟寶寶一起度過，這些酸甜苦辣譜出來的回憶都是「我們」的。

沒有人要求爸媽必須犧牲自己所有的需求來滿足寶寶，或許前兩三個月可能如此，但是當寶寶越來越大，我們便能逐漸開始留出一些時間給自己。

讓自己感覺到愛，也覺得自己的付出有意義

在當全職媽媽時，我學會了將自己的需求切成小塊，在能夠呼應寶寶需求的前提下，每天偷閒片刻去滿足自己一點點的需求。雖然壓抑自己的渴望並不容易，但我告訴自己，在頭幾年寶寶還小的時候帶養的確比較辛苦，等孩子上學後，我就可以擁有更多自己的時間了。

我還滿感謝當年有這樣的練習，後來我寫書時也都是利用零碎時間一點一滴完成的。沒有人說生了寶寶之後，你就再也不能做蝶古巴特（Découpage）拼貼了，當然比較貼近現實的是，你的蝶古巴特會放在同個地方好一陣子，因為你只能偶爾偷空做一點。但是那不表示你要完全抹煞原本的喜好，時刻感覺到你是在「自我犧牲」。當然要能夠這樣做的前提是，你要有一小塊屬於自己的空間，對沒有收好的東西所造成的視覺零亂也要有點容忍度。

如果想當溫柔的爸媽，我們會花更多的時間來關注自己和孩子的情緒——觀察孩子，跟他互動，給他愛。如果想當引導孩子獨立的爸媽，會花比較多的時間在跟孩子解釋、陪孩子練習，然

後試著鬆手讓孩子自己試試看，最後再提供協助。不管爸媽給予的是哪種教養比重，嬰幼兒階段的寶寶都會全心接受。

不過，有時候我們想給孩子的，可能是我們自己生命中較欠缺的，或是我們一直以來渴望的。如果是這樣，更需要我們花時間去觀察、反思那樣做到底是為了孩子，還是為了自己。只要願意反思自己的行為，就不會以愛為名施加壓力給孩子。終其一生，我們都在渴望被看見、被關注及被愛，而寶寶的到來就給了我們這樣一個機會。孩子有能力接收到我們給他的愛，他也會在情感互動中學習表達對我們深深的愛，日積月累下來，我們體驗到的是更寬廣的感情，讓我們感覺更幸福。

生活中的改變通常都是牽一髮而動全身，不只是影響你自己，連帶你的另一半、其他家庭成員都會受到影響。所以如果可以，所有的育兒決定都要跟另一半好好商量，列出自己覺得可以有的選擇，想清楚細節並做好準備，要記得給自己多點調整的彈性，告訴自己沒有非得怎麼做不可的事。

只要充分溝通，先前的育兒決定也不是不能重新調整。比方說，如果你當全職媽媽覺得不開心，甚至心情低落憂鬱，千萬不要再繼續勉強自己，因為當一個職場媽媽並不代表給孩子的愛會變少。更何況，工作還會讓你擁有成就感和經濟上的安全感，感覺到自己有能力，回到家時往往更能夠心甘情願地陪伴寶寶。別忘了，這雖然是寶寶一輩子一次的成長，但也是你自己不可能重來的人生，我們都值得在自己的人生中活得快樂！

讓自己成為一個感覺得到愛，也覺得自己付出有意義的爸媽吧！就像我那些朋友，他們在嘗試中不斷調整，努力找出平衡「自我實現」與「親子情感」的支撐點。請記得偶爾停下來想想自己的感受，看看你在生活中是否也找到了一個不錯的平衡。

如果你決定請育嬰假……

育嬰假，讓我們得以專注地摸索出跟寶寶一起生活的步調，並在接下來的一年中，觀察到寶寶的進展。那麼，我們要如何展開這樣的三人新生活呢？

從現在開始，這個軟趴趴的寶貝會與我們一起探索，原本習慣的兩人生活會有著天翻地覆的改變，也是從現在開始，一切都將以這個寶寶的需求為優先。

不知你是否也和我一樣？到今天我還清楚記得，從車上把安全座椅卸下來、提著寶寶進家門的那一刻，我興奮又忐忑地問自己：「我做得到嗎？」懷疑自己是否有足夠能耐照顧好這個脆弱的新生命。

在那個當下，我真的無法想像多了一個孩子後，生活將如何改變。因為在孩子來臨前，曾經也身為人子的自己早已獨立成人，即使走進婚姻，也不曾以依賴對方的方式在生活。但是現在，有一個完全依賴我們的小寶寶，這會是什麼樣的旅程呢？

如果你也曾有過懷疑或不確定感，在此跟你分享我安撫自己的方法。當時我告訴自己，世界上有那麼多的爸媽，他們在當爸媽之前也不確定自己會成為什麼樣的爸媽。如果其他人可以，我也一定做得到，我需要的只是時間、摸索與調整。

事實上，從把老大提回家那刻起，一直到十七年後的今天，那是我唯一一次自我懷疑。當然，有時與孩子的互動所帶來的衝擊，偶爾會讓我陷入困惑或感覺受傷，從而必須反思自己該怎麼做，但那種感覺是「困惑」，而不是自己是否做得到的自我懷疑。

這麼說好了，感覺就好像是擁有一個內建的指南（你也可以說是當媽媽的直覺，或代間循環的傳承）。我想說的是，其實你不需要懷疑自己，你的內在已經有為人父母的大愛引領著你前進。寶寶哭，爸媽自然會跳起來安撫；不確定寶寶喝的奶夠不夠，爸媽自然會想辦法檢查尿布、詢問朋友或爬文。在剛把寶寶接回家的這一刻，你確實很難想像自己真的有這些本能和直覺，但是，你真的有！你需要的只是更多的時間去摸索和調整。

在育嬰假期間，最重要的是幫自己建立新的生活秩序，習慣寶寶兩、三個小時就要餵一次奶，習慣自己跟寶寶成為一個共同體——餵養、換尿布，他睡時你也跟著睡。大同電鍋、美膳雅的氣炸烤箱……任何方便煮飯的工具都很有用；鮮奶、起司、優格、堅果、水果等這些容易吃的食物，在接下來的忙亂生活裡也大有幫助。照顧寶寶很費神，別忘了也要照顧好自己，因為健康的你才能好好照顧寶寶。

關於育兒方式，百歲派的專家認為，訓練寶寶睡眠和喝奶的時間對寶寶是好的，如果你想嘗試，那就試試看無妨，即使媽媽寶寶論壇上總是有親密派與百歲派的無數論戰*，但這是你們全家的旅程，也是你自己的人生，你可以自己決定。最重要的是在這個過程中，你們三個人如何適應彼此。我們需要做的，是在這過程中細心敏銳地回應寶寶。舉例來說，如果採用百歲派訓練孩子睡覺，卻讓他哭到臉發紫，就算專家說訓練有多重要，那都不是寶寶在當下可以承受的劑量，繼續下去就不好了，所以我們要相信自己的直覺去調整。

著名的心理學家溫尼考特曾說，孩子需要的是夠好的爸媽，其實這個「夠好」的爸媽，就是把孩子放在心上的爸媽。他們會敏感地回應孩子，會觀察孩子喜歡什麼安撫方式，會好奇去猜想孩子怎麼了，並且予以回應，這樣的爸媽會猜錯也會犯錯，但是他們從來不會放棄給孩子愛，這樣就夠了。

---

*編按：親密派主張帶養應該以符合寶寶本性的方式進行，以貼合寶寶的需求來調整作息。百歲派認為應該訓練嬰兒跟著爸媽的作息，把喝奶、清醒、睡覺的時間都固定下來。

別擔心沒社交生活，寶寶會為你帶來新朋友

當上爸媽後，角色轉換通常也反映在我們的人際互動中：忙著照顧寶寶，感覺很久沒有跟好朋友聊天了；因為關注點不同，發現自己與單身朋友越來越沒有共同話題，有時候會有失落感，好像不再是同一群人了。此外，朋友們也都很有默契，不會再半夜打電話跟你哭訴失戀，更不會約你去夜唱、夜遊或喝小酒了。

我記得自己在當了五年的全職媽媽後，舉家暫時搬到美國時，也曾對自己有些懷疑：「去到一個完全陌生、沒有熟人的地方，我能夠交到朋友嗎？」「在家帶小孩這麼久了，我會不會變成社會邊緣人，沒人願意跟我說話？」

結果發現，只要抱持友善開放的心態，孩子就是最好的媒介。在公園陪小孩玩時，很自然的就會跟其他媽媽聊起來（有時是媽媽們會主動來攀談），熟稔之後就開始相約一起帶孩子四處晃，可能是上圖書館，或是去看兒童劇等等，總之，從零開始的我就這樣又交到了一些朋友。也

讓我清楚知道，即使身為全職媽媽，並沒有讓我失去社交能力。

如果朋友恰好也有差不多年紀的寶寶，還可以彼此分享媽媽經，在摸索的過程聽聽他人不同的想法或做法。不過有時候，這類的朋友也可能帶來一些壓力，因為在分享孩子的成長或發展時，很容易就會產生比較的心態。如果自己的孩子發展較慢，或是在帶養上碰到一些困難，你可能會發現自己開始擔心，甚至不想進一步跟朋友分享。

更多時候，我們會選擇加入網路上的教養群組，看看其他爸媽的分享。不過社群媒體的壞處是沒有篩選機制，況且其他人的經驗並不是自己的經驗，有時候看多了反而讓自己更焦慮，擔心自己做得不夠好。所以不管網路上或朋友說什麼，還是要對自己保持信心——你要相信自己一定比其他人更清楚自己需要什麼。你也要相信，你比其他人更了解自己的寶寶。如果你發現看了群組討論後，會引發你更多的負面情緒，或許就暫時不要上網去看，讓自己休息一下，好好沉澱自己的想法。

試著為自己建立一個支持系統會很有幫助，例如跟社區的幾個媽媽保持聯繫、參加非營利機構舉辦的寶寶媽媽團體認識新朋友（縣市政府都有親子館，可以帶孩子去玩，也是認識其他爸媽的好機會，或是縣市政府的家庭教育中心也會辦相關親職活動）。

我自己當全職媽媽時，在新竹跟六、七個媽媽會固定每週碰面一次。我們輪流去拜訪彼此，聚會當天一定叫外賣，除了讓寶寶們可以互動之外，媽媽們也可以有些成人之間的對話，包括教養、抱怨先生或討論對未來職涯規畫等等。這些分享與討論，讓我在當全職媽媽的生涯中擁有一點自己的空間，對當時整天都跟兩個孩子黏在一起的我，真的非常重要！

總之，我想提醒的是，當爸媽後，多少會為了照顧寶寶而失去一些東西，比如你不再有自由的休閒時間，比如你不再能經常與姊妹淘聚會。這樣的失落感是無可避免的。不過，如果是好朋友，一定能理解新角色帶給你的限制，也會鼓勵你、為你加油，或是特別找時間跟你相聚。

如果真的就這樣漸行漸遠，你也要相信自己還是擁有交朋友的能力。更何況孩子會長大，當他開始上學，你就會有更多自己的時間可以重新與好友聯繫。就算此刻暫時感到孤單，也不要因此懷疑自己的價值，育兒其實就是一個過程，有退讓，一定也會有獲得。

練習放下比較心

以前我在美國帶領寶寶媽媽的支持團體時，因為孩子們的年紀都差不多，很容易發生爸媽之間互相比較的狀況，看得出爸媽對寶寶發展能力的焦急。其實這種「比較」是很正常的，因為我們是大人，大人會觀察會思考，所以當孩子發展比其他同齡孩子慢，我們會擔心是不是有狀況。請爸媽要了解，自己是因為愛孩子、擔心他的發展，才會去比較；是因為擔心，才會有這些焦急的感受。

新手爸媽可能有所不知，寶寶的發展其實因人而異，有的寶寶爬得較快，有的較早開始說話，並不是時間一到，每個寶寶就會同時發展出某項能力，所以不需要糾結於跟其他寶寶的比較。不過，如果還是覺得孩子的發展情況不對勁，建議可以找些資源來幫助自己，例如台北市政府出版的「發展檢核表」，可以幫你了解寶寶的發展落點，看看是否真的需要擔心。如果確實有異常情況，可以在打預防針或健兒門診時跟醫師討論。

另一種情況是，自己沒有想要比較的意思，但朋友們的反應卻讓我們不舒服，例如明明在跟朋友分享自己帶養孩子的困難，對方卻搶白說他們的帶養狀況更慘，或是沒小孩的朋友抱怨自己的工作更忙更累。在臉書或ＩＧ上，也常會看到朋友不時 po 出完美生活的片段——吃米其林大餐、精心準備的完美早餐，或是與小孩開心互動等等。如果你的育嬰生活剛好不是太順利，就可能覺得鬱悶，覺得自己的努力好像微不足道，生活很沒意思。

如果不要用競爭或比較的角度來看，或許比較不會有這些不舒服的感覺。搶著說自己多忙多累的朋友，其實跟自己一樣都是辛苦的，你可以這樣回應：「我們這陣子都好慘喔！」讓這種隱微的競爭退回到「同在一條船」的同理心。至於那些總是呈現完美生活的朋友們，如果你實在覺得煩，也可以選擇一陣子不要去看他們的貼文。專注在自己跟孩子的家庭生活上吧！告訴自己不用太去在意別人生活的片段，因為你、伴侶和孩子才是目前這個階段最重要的人！

第 6 部

一到二歲
陪伴孩子探索

陪伴，是雙向的

在談陪伴之前，我想先分享我自己對陪伴的定義：**「陪伴」其實是雙向的**。很少有人提到這樣的觀點，從爸媽角度，很容易會認為自己為了陪伴孩子而有所犧牲，但其實孩子也在陪伴我們生活，所以在這裡，我想把陪伴定義為「互相陪伴」。雖然表面看起來，是我們調整自己，讓自己變幼稚去陪伴孩子，但在這個重返幼稚的過程，我們也讓自己的內在小孩出現，重溫了自己的童年經驗，學習用寶寶的角度去看世界，去感受孩子的興奮與單純。

之前我曾在書中寫過，帶養，讓我的人生變得更豐盈。陪伴，真的是雙向的。在我寫第二本書《相親相愛不簡單？》的時候，我曾經分享過當年從美國搬回台灣前，我的孩子們如何在沒有家具的客廳，一人只剩一盞檯燈、坐在地上安靜的看書，她們穩定了我當時因為搬遷而浮躁的心情，讓我明白我其實能用不同的角度來看待這個經驗。

此外，在每日生活裡，我從一個不喜歡煮飯的太太，成為一個在週間天天煮晚餐的媽媽。我並不覺得這是一種犧牲，而是藉由煮晚餐，感覺到自己努力在做自己能做的，帶給孩子健康，因為我愛她們。但事實上是當孩子放學回來叫著「我餓死了，我需要食物」時，那種被需要的幸福感浮現了。更何況除了她們的健康，我也因為較少外食而讓自己更健康。

我的兩個孩子已經是高中生了，回想起她們小時候我們一起幼稚的回憶，一路以來全家經歷與分享的生活，心中還是充滿了感動與想念。因為有那些日子，在成為青少年媽媽的此時，我真切體會到孩子的陪伴讓我的生活擁有了更多的愛。記得有一次我幫某個機構開親職線上課程，孩子們第一時間知道了，馬上開玩笑地說：「要不要幫你找同學上線衝人氣？」「是直播嗎？你信用卡給我，我可以幫你打賞喔！」我們全家笑成一團，但心裡卻是暖烘烘的感覺。即使是步入青春期、很快會準備離家的她們，仍然能讓我驚喜地發現自己是被愛的。

如果你放鬆，寶寶跟你都會很輕鬆

輕鬆帶養真的有可能嗎？我想先分享可以輕鬆帶養的元素，包括：照顧者找到帶養生活的節奏與韻律，以及幫助寶寶情緒平穩，當寶寶鬧脾氣時能很快安撫下來。

前面章節談到安撫寶寶的方法，接下來要來談談如何讓寶寶情緒平穩下來。我個人覺得訣竅是，讓孩子盡量待在我們身邊。這並不是要我們一直抱著他，而是讓孩子待在我們身邊就好。因為生物本能，寶寶在我們旁邊會感到安全，是最能放鬆的。

此外，寶寶在爸媽旁邊時「**爸媽能夠保持輕鬆的情緒**」，也跟「讓他待在我們旁邊」一樣重要。所以，儘管抱著孩子感覺很親近，但如果這讓自己感覺累到快爆炸，還是必須想想有沒有其他方法，可以既讓孩子靠近又不致讓自己太累。

記得當年寶寶的搖搖椅與背帶都是我的好朋友，在寶寶還是小嬰兒不太重時，如果我想做點家事，就會背著她讓我的雙手可以空下來，或是把寶寶放在搖椅上綁好安全帶，讓她看著我做事。我會邊做事邊跟孩子說話或是對她笑。我的感覺是只要足夠靠近，寶寶的情緒通常都還滿平穩的。或許是我的孩子跟我相處時大都很放鬆，我不太有印象在家時必須一直抱著她們。不過出門時的情況就完全不同了，我有許多一直抱孩子抱到快累死的回憶！

安排好優先順序，讓事情分階段完成

談到在家做事，我覺得帶孩子的爸媽最需要調適的是：**事情常得分段完成，因為一定會被寶寶的需求打斷**。既然在家陪小孩，我的第一優先當然是小孩，其他的事就緩一緩。所以，我家的客廳感覺永遠沒有收整齊的時候，有時候碗洗到一半就要忙孩子，忙了一圈回來可能已經過了兩個小時了。

想清楚自己的優先順序，也做好會被打斷的心理準備，那種不耐煩的焦灼感就比較少出現，我們的感覺自然會比較平穩。當孩子開始上幼兒園，我開始又有自己的時間後，我發現以往分段做事的「訓練」讓自己成長不少，例如靜心速度快很多，效率也變更好了。這些收穫都是因為帶孩子時，自己想做的事必須等待、必須分段完成所慢慢累積的。在此要分享的是，你真的可以放心，這種辛苦的狀況只會發生在頭兩三年，而這一生還很長，用兩三年的忍讓調整換來孩子與我們強韌的親子關係，值得！

當我們做好心理準備，把寶寶的需求擺在前面時，我們跟寶寶的互動自然會增加。寶寶跟我們的溝通不只是透過聲音，還包括他看我們的眼神、可愛表情與動作。對寶寶來說，那種被爸媽愛的感覺如果要描述，就會像是：「爸媽看著我，跟我說話對我笑，說完了爸媽會等我一下，讓我自然的表達。我也會咕咕的發出一些聲音，興奮的時候，我會看著爸媽一邊大笑一邊踢腳腳。」

要特別強調一下剛剛提到的**等待**，這個等待會讓寶寶感覺自己是個積極的參與者，因為爸媽會等待自己的反應。耶魯大學兒童發展中心曾提到，**對嬰兒來說，最能夠促進社交情緒發展的，就是爸媽與寶寶的來回互動。在來來回回的過程中，爸媽從等待然後再回應，讓寶寶有足夠的時間自由表達，感覺到爸媽在注意他，也感覺到被尊重與被接納。所以在互動中等待，觀察一下寶寶的反應是很重要的。**

由於這時的寶寶還不會說話，我記得當年帶小孩時，對著孩子自言自語或自問自答的能力變得很強。記得大概早在寶寶兩個月大時，我就開始把她當作一個小夥伴，跟她解釋我正在做的事。例如坐在客廳地板摺衣服時，我會把寶寶放在搖搖椅上，當她看著我時，我會跟她說我在幹嘛，或許順便拿衣服跟她玩一下躲貓貓。雖然她還太小不知道怎麼玩，但是「媽媽在注意著我，媽媽在跟我玩」的溫暖感覺，孩子一定可以接收得到。

跟寶寶說話，讓他有參與感

有些爸媽以為跟寶寶說話就是把寶寶當大人，於是對寶寶或幼兒抱怨生活的壓力或不如意，抱怨對伴侶的不滿，甚至想辦法讓孩子與自己同陣線去對抗另一方。其實寶寶雖然聽不懂這類的說話，但他會接收到爸媽的負面情緒波動而感到憂慮與不安。等到他更大一點長成幼兒時，更容易接收這些抱怨，而覺得讓爸媽快樂應該是自己的責任，這樣沉重的感受甚至會影響孩子的人格發展。

另外，有些大人誤以為跟寶寶說話應該具教育性，所以努力告訴寶寶東西的名稱，想讓寶寶「學習」發音。如果我們想教的當下，寶寶也對這個東西很有興趣，那這樣的引導就很棒，但如果寶寶沒有興趣，這樣的教育就沒有必要。最好的學前教育，是在與孩子自然互動中，隨著他的觀察與經驗發生的。

在跟寶寶互動時，我們很自然的會以較高頻的聲音，並使用寶寶式用語「吃飯飯」、「換布布」、「睡覺覺」來跟孩子說話，不過有的爸媽並不想這麼做，而是想用大人的方式來跟孩子說話。這麼做當然也不是不行，不過我想分享的是，其實這些回應都有自然演化的智慧在裡面。高頻的聲音容易讓寶寶的大腦注意到有人在跟他溝通，對寶寶理解語言是很有幫助的。不要小看這些每天的溝通互動，在吃飯飯、換布布的講話過程中，寶寶的大腦神經元都在連結，在滿一歲前，寶寶已經可以聽懂很多話了，為他日後的語言發展打下了很好的基礎。

所以，跟寶寶說話時請把他當作一個小小人，你可以對他描述，你看到他正在做什麼，或跟他解釋你接下來要帶他做的事，讓孩子可以把這些抽象的語言，與自己剛剛體驗到或即將發生的事連結起來。有時候也可以用好玩的口氣或是幽默好笑的方式跟寶寶說話，因為你帶著笑意的語氣、有趣的表情，都會讓寶寶感覺新奇，專注地看著或聆聽。寶寶越有參與感，就能夠感覺我們在他身旁，當然就更乖、更容易帶養。

爸爸參與很重要，兩人輪班更有趣

爸爸們平常在外忙工作，週末的時間參與育兒可不只是為了讓太太休息，更重要的是，爸爸跟寶寶可以在互動中建立關係。

在本書第三部，我提到爸爸花越多時間陪伴，大腦會分泌更多的「抱抱賀爾蒙」。讓爸爸在跟寶寶互動過程中越感覺快樂，越容易跟寶寶建立親子關係。寶寶也會從中認識爸爸、回應爸爸、愛爸爸，日後在成長過程中，孩子才更能體會爸爸的辛苦。

我覺得讓這個階段的孩子認識爸爸，是非常重要的。平常我在學校工作，很常遇到大一點的孩子對爸爸很陌生，因為爸爸總是忙著工作，孩子不知道爸爸的工作在做什麼，也不知道爸爸的喜好，不認識或甚至不在乎爸爸這個人，對跟爸爸的互動沒有太大興趣，原因就是成長過程沒有太多互動。

每次遇到這樣的情況，總是讓我很感傷，明明爸爸為這個家付出這麼多，卻成了家裡的陌生人。所以，我想告訴爸爸們：**參與育兒不是為了讓太太不生氣，才不得不做的事。參與育兒是為了讓孩子可以愛你，讓你感覺自己在外打拚的努力是值得的，並在心理上讓孩子認識你，跟你建立好的親子關係。參與育兒是為了讓自己感覺幸福！**

如果真的太累，建議夫妻兩人採輪班制，就像大自然的其他動物一樣——爸爸覓食媽媽孵蛋，再換爸爸孵蛋媽媽覓食。就算是一個下午也好，自己獨力照顧寶寶，讓另一半可以做些想做的事或休息一下。反之，你也可以請另一半給自己一個下午，不管是補眠或找朋友聊天，小小的休息是為了充電繼續往前走。記得寶寶的情緒要平穩，仰賴的就是有幾個固定的主要照顧者，所以記得要輪流休息喔。

如果夫妻都不是全職爸媽，而是讓寶寶托育，那麼晚上跟週末該怎麼做，帶養才會比較輕鬆呢？一開始我曾分享，寶寶需要跟父母在一起，所以原本兩個人習慣的週末活動可能都要暫緩，週末大概無法恣意地到處活動，或把家裡整理得一塵不染。我的建議是，與寶寶一起吃一起玩，讓他在旁邊看你做家事，或是放慢腳步照顧孩子，透過這些互動將一整週你們沒能給對方的愛補起來。別忘了當寶寶休息時，也要盡量跟他一起休息，因為你也很辛苦。不要因為太累而對伴侶或孩子發脾氣，這樣度過週末很可惜。辛苦一整週了，週末本來就該休息，讓全家人聚在一起，並感覺到彼此的愛與體諒。

太早給寶寶玩3C，以後你的麻煩更大

智慧型手機問世後，我們的生活型態就大大改變了。網路購物、網路閱讀、網路跟朋友交談，我們的生活跟手機緊密地結合在一起。爸媽盯著手機看，成了寶寶觀察到的風景，於是寶寶當然會對手機感興趣，更別提有些大人太累時，會直接把手機給寶寶，讓手機充當保母。我們在搭捷運或在餐廳用餐時，也經常會看到嬰兒或幼兒盯著手機看的情景。

在這邊我不想疾呼「千萬不可」，免得增加爸媽的罪惡感，我非常理解身為爸媽累翻的感覺。我想分享的是研究報告的結果，讓大家能夠在**理解自己的狀態及3C產品對寶寶的影響**之後，做出最好的選擇。

在還沒有智慧型手機的年代，就有研究發現電視對寶寶的影響非常大。一旦嬰幼兒的大腦習慣了電視的聲光刺激，要回到書本閱讀會變得很困難，孩子會因為刺激量不夠而出現無法專注的情況。所以許多研究都發現，如果寶寶**在嬰幼兒時期長期看電視，日後過動、專注力不集中的機**

率會提高。

近年的研究指出，每讓寶寶接觸平板電腦一個小時，他們就會少睡十六分鐘，而睡眠不足對於嬰幼兒有極大的壞處，因為大腦在三歲前的成長速度非常快，透過發展心理學我們知道，早期發展對人一輩子的影響是深遠的。所以世界衛生組織與美國心理學會都建議：兩歲以下的幼兒不要接觸平板，二至五歲的孩子每天不要使用超過一小時。

如果我們因為自己累不想照顧寶寶，就便宜行事讓寶寶大玩平板，原本他該接受與人之間的互動、接受更多環境的刺激，這些重要時刻都被取代了，他對這個世界的認識會變得很狹窄。

本來應該用眼耳鼻口及觸摸這五個感官來體驗世界，現在只剩下視覺的學習；本來應該以多爬行、多跑跳來發展肢體動作協調的嬰幼兒期，現在變成坐著滑螢幕，只有手指變得更靈活。先不談對視力的影響，如果孩子在這樣的經驗裡成長，他對跟其他人互動不會有太大興趣。國外研究也證實，幼兒因為玩3C變得肥胖，影響健康。曾經聽過一位知名大學的教授演講，說賈伯斯與比爾．蓋茲都不讓自己的孩子在嬰幼兒時期接觸電腦，就是因為他們知道這會對嬰幼兒的全面發展造成什麼影響。

在這個時期，應該盡量提供寶寶更多互動的機會，陪他探索周遭的環境，多跟他相處、一起玩，寶寶才能慢慢長成有自信、情緒穩定、能與別人建立關係的孩子。

有人說，玩平板也不是全無好處，寶寶年紀小小就會使用3C產品，日後上學在數位化學習上應該可以很快上手，甚至可以造就一個未來的工程師。事實上，這種說法不成立，因為三歲以前大腦不夠成熟，無法處理或消化看到的大部分內容。根據世界衛生組織及美國心理學會的研究，很多大人誤以為可以透過數位產品來刺激孩子學習，但實際上，比起那些更頻繁與爸媽互動的嬰幼兒，這些看電視、看電腦學習的孩子反而在語言與認知發展上慢得多。例如麻省大學的研究，就證實兩歲以下的幼兒無法從看電視的過程學會講話，因為兩歲以下的孩子很仰賴互動式學習。

另外一個較新的研究，是加拿大卡加利大學（University of Calgary）在二〇一九年發表的。他們針對兩千四百多個幼兒家庭研究，發現兩歲前花太多時間玩平板的幼兒，在三歲時會開始出現較多行為與情緒問題。

也就是說，太早給寶寶3C或許可以換得大人一時的平靜，但是接下來要付出的代價會更高。

總之，盡量多陪伴、多互動

「陪伴與互動」是人類演化了幾千萬年的教養智慧，國內外的兒科醫師一致建議不要讓兩歲以下的寶寶太早接觸3C產品，因為這將會對孩子在三歲以前的神經迴路、大腦發展、情緒調節帶來負面影響。

我並不是要建議大家完全不用手機，把全部時間精力都用在陪寶寶，因為這太不切實際了。我自己在忙碌的時候，有時也會讓孩子看電視，通常是在傍晚煮晚餐時，會讓他們看巧連智這類兒童節目，大約半小時。關鍵在於我們自己如何把關，把傷害減到最低，這不只是愛孩子，也是為了日後能更輕鬆帶養。

我們要理解一個事實：我們都有自己的限制。我們的時間有限、注意力有限，我們的體力與健康也是有限的。記得拿回對自己生活的掌控感，由我們來控制3C產品，而不是繼續讓3C產品控制我們！

如果覺得累了，就躺下來跟著寶寶一起休息一會吧！**我們要的輕鬆帶養，不是只有當下的輕鬆，而是一步一步、一年一年耐心的帶出積極、情緒穩定、愛學習的孩子，讓自己在帶養路上越來越輕鬆**。孩子需要理解自己、理解別人，需要社交式的學習、感官的體驗，更需要我們帶著他去體驗環境與世界，從親子關係開始學習跟我們互動，從托育場所學習如何進入團體生活，增進發展認知能力與社交技巧。

如果實在沒辦法，必須用平板來安撫孩子時，建議可以篩選一下內容，成為我們與寶寶互動時的素材，把平板上體驗到的內容，轉化為日常互動的經驗。總之，**盡量跟寶寶互動**。

除了使用3C產品之外，我認為很棒的一種親子互動是親子共讀。雖然距離寶寶上小學還很久，但可以趁寶寶小的時候，透過翻布質書或紙質書來吸引寶寶，讓他觸摸實體書的質感。等到大一點，可以讓孩子自己翻書，我們在一旁講幾句對應書頁裡的故事。例如，你可以簡單描述插圖，或是照著寶寶翻書的速度來編故事，不需要一定按照故事書的內容來講。

講故事時，可以善用聲音讓故事變得更生動，例如加入一些音效或聲音模仿（包括人物或動物的聲音）。戲劇化的聲音，可以吸引孩子的注意力，讓他們感覺很好玩。

寶寶對世界充滿好奇，你可以這麼做……

我們每天跟孩子的互動豐富了他的生活，不管是在情感或認知上，都是在為嬰兒期的寶寶進入幼兒期的發展做準備。從軟趴趴的無助嬰兒，到現在可以自己探索、自主表達的小小人，是我們這一年多的辛苦與陪伴成就了寶寶這些能力，所以真的要學著去看到自己帶養的價值。

在寶寶學習這些新能力的過程中，爸媽能做些什麼來幫助他們呢？其實爸媽可以做的事太多了！要知道，寶寶對這個世界充滿了困惑，有太多事情是他們不了解的，因為認知還在發展，他們無法像大一點的孩子可以看到因果關聯，所以爸媽們一開始可以做的就是：

一、簡單描述即將發生的事

使用重複性的簡單字眼（例如疊字），搭配當下可以觀察到的具體動作或情況，來幫助寶寶理解抽象的語言以及爸媽話中的意思。除了簡單描述即將發生的事，描述寶寶當下的體驗也很有幫助，因為這樣的敘述有助於幫他組織並記憶他的體驗。

二、溫柔鼓勵孩子循序漸進一起體驗

著名的發展心理學家皮亞傑（Jean Piaget）認為，幼兒的學習需要直接體驗或操作，所以帶著孩子去體驗是很有幫助的。例如以下的情境：第一次帶寶寶去公園野餐，把寶寶放在草地上時寶寶哭了。

1嘗試理解可能是草刺刺的，寶寶不知道是什麼，所以有點害怕。

2爸媽鼓勵寶寶試試看，拔了一些草放在寶寶手上讓他體驗一下。

3當寶寶鼓起勇氣真的摸了，爸媽高興地跟孩子一起慶祝。

4讚美寶寶的嘗試或是做到的結果。爸媽高興的表情和語氣，能讓寶寶產生信心，或自我鼓勵繼續嘗試。

在互動過程中，爸媽還會觀察到這個年紀的寶寶，已經從一個被動聽話的孩子變成一個主動溝通的孩子了。例如一個常見的表達：玩具滾到沙發下時，孩子會張大眼睛看著爸媽，然後把手掌打開說「哇～」，彷彿在說「不見了」。下次爸爸上班不在家，媽媽如果問寶寶：「爸爸呢？」寶寶可能會做出相同的手勢來表達同樣的意思。即使一歲多的寶寶還不太會說話，但是以單字或單音配合自己的手勢，他已經開始可以主動表達自己的意圖。主動表達是個很棒的里程碑，因為這表示孩子開始在認知層面組織自己的想法，跟爸媽互動。是不是感覺孩子又長大一些了？

三、做自己喜歡的事時，讓寶寶一起參與

既然寶寶是一張白紙，在跟他互動時，可以盡量與他分享自己喜歡的事物。如果自己喜歡玩拼布，可以讓寶寶看不同花色的布，介紹圖案時讓他摸摸這些布。雖然無法縫製，但是可以跟孩子玩「拼拼看」遊戲，排列組合不同的花色。

如果自己喜歡煮飯，可以跟寶寶一起體驗蔬果，備料時讓寶寶在旁邊看著，摸摸蔬果原來的樣子，以及切完的樣子，然後拿給孩子聞一聞或甚至啃啃看（記得要切大塊些，太小塊寶寶可能會吃進去而噎到）。

喜愛音樂的父母，可以放自己喜歡的音樂，不管是古典樂、流行樂，都可以抱著寶寶哼歌轉圈圈。

喜歡跳舞，可以在放音樂時，把寶寶放在身邊，一邊跳舞一邊對他說話或扮鬼臉。喜歡畫畫，可以帶寶寶看不同的圖畫，讓他摸摸這些圖畫，跟他說圖畫的意境。喜歡種花草，也可以帶著寶寶一起澆花，觀察花草的生長情形。

教養有很大一部分是耳濡目染，當我們介紹自己喜歡的事物給寶寶時，我們的熱情及享受也會傳遞給寶寶，讓他們對這些事物產生興趣，並且從我們的分享裡感受到熱情，感受到歡喜。

請記得一件很重要的事：即便成為爸媽，我們還是要允許自己擁有這些興趣。所以互動也可以從爸媽喜歡的事物出發，讓寶寶參與體驗。隨著孩子的年紀，我們可以讓他有不同程度的參與，例如從嬰兒期的摸一摸聞一聞，到幼兒期搬個椅子一起體驗。只要過程是安全的，我們可以讓孩子更主動參與，教他用安全剪刀剪紙，或在旁邊幫忙攪拌，或幫忙拔野草，或隨著音樂跳舞等等。

這個世界有各式各樣有趣的事物，喜歡滑手機或追劇而沒有其他嗜好的爸媽，或許可以試試上面的例子，看看自己陪寶寶玩的過程中是否也覺得好玩。當我們與寶寶相處的時間裡，也包含了一部分自己有興趣的事，那麼我們的心情會比較好，比較不會煩躁或覺得累。寶寶也可以從我們的分享中，開始理解他周遭的世界。

從寶寶出生到現在，我們每天跟他來來回回的互動，跟他一起體驗這個世界，這樣的辛苦換來的，不是只有寶寶身體及動作能力的發展，還包括情感及心理上的成長。透過上述的互動方式與孩子一起分享、傳遞彼此的感受，孩子開始理解這個世界多麼有趣，而且你跟他在一起的時候，他看到的你常常都是笑咪咪的，於是他開始理解到，原來自己是個很棒的孩子，是值得大人喜歡的孩子，是個擁有愛的孩子。同樣的，我們也在這過程中感覺到寶寶對自己的喜歡，於是我們也成為擁有愛的爸媽，感受到更多的心甘情願與幸福，這不就是我們辛苦的意義與價值嗎？

寶寶的心理健康取決於家庭氛圍

這個階段的寶寶越來越像個小小人了，動作上他可以爬得很快，已經開始練習扶著站起來，甚至有些寶寶已經能走路了。他對身邊的東西會感到好奇，想推推看、轉轉看或敲敲看，也開始能夠記得幾個小時前或甚至昨天發生的事，例如他會想把東西放到之前看到的地方。看到爸媽把玩具收起來，他會知道玩具還在，也會試著把它找出來。這個每天忙碌的小寶寶，除了吃喝拉撒睡與玩，到底還需要什麼呢？

發展心理學認為，能夠促進寶寶身心發展的是「依附情感」，但依附情感到底是什麼？在依附情感底下，**寶寶感覺到照顧者給自己的溫暖與愛，寶寶可以預期照顧者的回應，因此有安全感**。跟爸媽或手足常常能夠在一起有親密的互動，在互動裡感覺到輕鬆、有趣或好玩。自己有任何需求的時候，爸媽會呼應這些需求，哭鬧時爸媽也會願意安撫，不管自己是因為搞不清楚而犯錯，或是覺得丟臉而亂發脾氣。此時的寶寶還說不出來，但他們的心裡是需要這些情感的。

其實想想，我們大人也渴望這些經驗——被照顧、有人可依靠、在互動中對方想理解我們、有情緒時可以被安撫……，所以寶寶需要的，也是我們大人的深層渴望。我們每個人都想擁有安全感、自尊、無條件的愛、親密歸屬感、被接納……，只是，寶寶與大人不同，他們不會表達也不清楚自己的感受，還不會溝通的他們經常感覺到無助。更不一樣的是，寶寶不知道做有興趣的事或與不同的人互動，可以讓自己感覺好一點，所以寶寶真的很仰賴我們每天與他的溫暖互動。

儘管我們都知道寶寶需要這些，但是因為寶寶的發展情況尚未成熟，有時候爸媽還是很容易感到被打敗。例如一歲到兩歲的寶寶，不管是用說的或用肢體動作，已經開始會表達「不要」，展示他自己跟我們不一樣的意志。當我們想要他做什麼時，他不見得會配合。在趕時間的時候，這樣的不配合特別讓我們火大。

我有個可愛的故事分享，記得我的孩子在一歲多時開始吃飯不專心，因為周遭的世界太好玩了。有一陣子，當我們說：「再吃一口好不好？」她會直接說「不要」，然後緊閉著嘴巴。試著說服她幾次都沒有效，搞得大人也不耐煩了，有一天我們突然福至心靈對她說：「不要吃一口，那吃兩口好不好？」聽到不同的指令，她突然愣住了，乖乖的就說好，我們就趕緊餵了兩口，還順便強調：「對對對，以後不要再吃一口了。」

從這個經驗我了解到，當孩子開始有自主意識後，有時候爸媽與孩子的僵持場面，是因為爸媽太認真、太執著了！我也從這個經驗了解到，孩子的發展真的沒有我們想像的那樣成熟，一歲多的寶寶對於「吃兩口也包含吃一口」的邏輯其實是不理解的，她只知道自己「不想再吃一口」。

你可能會說，這樣是不是不尊重她呢？好像是用騙的耶。我不會說這是「騙」，比較像是無奈下一個幽默好玩的嘗試，這個玩笑式的嘗試是因為在那個當下，我們希望孩子可以選擇我們希望她做的決定。如果當年我問孩子「那吃兩口好不好」時，她搖頭堅決不吃，我也不會勉強她。就算是開玩笑，我也不希望用強硬的方式逼迫孩子做她不想做的事。

這個經驗讓我明白，**帶孩子的生活不能太嚴肅，有時候不按常理出牌反而能得到意想不到的結果**。記得有一次也像這樣，我們家兩歲多的某個孩子，整天番到讓我感覺超級煩躁，於是我突然轉過去靠著她，開玩笑說：「你一直鬧，那我不要當媽咪了，換你來當我的媽咪，我要來學你鬧鬧，媽咪媽咪～～」結果孩子嚇了一跳，馬上說：「不要不要，我要你當媽咪。」然後馬上停止吵鬧的情況。

開始萌芽的自主意識，是孩子跟我們分離的第一步。我們不是擔心會養出媽寶，擔心孩子以後無法獨立嗎？如果是這樣，我們應該對孩子自主意識的出現感到高興，因為孩子開始有自己的想法，是自主獨立的第一步。

我常觀察到一個現象，當幼兒開始比較會表達時，爸媽對寶貝的期待似乎容易變得很高。這個獨立的第一步是很小的一步，孩子才正在嘗試如何表達自己想要的，他的思考邏輯、因果推論能力都還沒有建立起來（意思就是幼兒還不會去思考自己的行為會造成什麼後果），他目前只走到「我要」這樣的自主意識。他也還沒有社會化，對於哪種社交情境下適合「我要」，他還沒有概念。所以，爸媽們不要因為孩子開始說「不要」，就說他不乖。

有時候爸媽只是對寶寶說不行，他馬上就情緒崩潰，這個時候該怎麼辦呢？針對爸媽「不行」的回應，我個人喜歡的做法是告訴孩子「什麼可以做，什麼不能做」。例如，可以玩不同顏色的塑膠杯，但不能碰媽媽的馬克杯。當然，要是寶寶能夠乖乖聽話，只玩爸媽說安全的那些東西，那就不是寶寶了。對於他們不能碰的東西，越是禁止通常就越有吸引力，大人小孩都一樣。

讓孩子在我們的引導下體驗「禁忌物品」

記得不要只是阻止孩子玩，更重要的是，讓孩子在我們的引導下體驗這些禁忌物品。例如，把孩子抱在懷裡，坐下來讓他把玩馬克杯，確保杯子不會摔在地上，還可以教他如何把杯子好好的擺在桌上。什麼叫「輕輕」，什麼叫「小心放」，需要我們跟他一起嘗試，在過程中幫助他執行與體驗，他才能真正了解。這些在我們協助下的體驗也是探索的一部分，雖然比不上自己一個人獨力完成，但對寶寶來說都是好的。

因著探索出現的自主意識，寶寶開始「練習」跟我們分離。但是，這個小小的離開並不是真的獨立，兩歲的孩子可以整天自己玩不找爸媽，這不是真的獨立，表面上看起來很棒，但我們不知道的是，孩子體內的壓力賀爾蒙指數整天都在飆升。獨立是個循序漸進的過程，都還沒有好好親近就急著把孩子推開，要求他獨立，孩子只會用耗損自己身心健康的方式來面對。

有時候我們的教養困境，是來自跟伴侶的想法不同。關於獨立的想法、對於孩子怎樣才算乖的期待，我們深受自己成長經驗的影響，兩個不同成長背景的人要一起帶養孩子，難免在觀念或做法上產生分歧。再加上寶寶衝動不受控，很多時候夫妻之間的衝突就來自教養的不一致。我們的重點是寶寶的身心健康，其實寶寶的身心健康就是家裡每個人的身心健康。我的意思是，即使孩子與媽媽可以建立起安全的依附關係，但如果爸媽之間經常因為感情或教養方式而發生衝突，寶寶仍然會沒有安全感。如果是手足之間的爭吵、傷害，導致大人跟著情緒失控，寶寶也會感覺不安穩。

要知道，在一個家庭裡，每個人對待彼此的方式都會影響到整個家庭的氛圍，這個氛圍，就跟爸媽與孩子建立安全的依附關係一樣重要。所以我很鼓勵爸媽們如果跟伴侶在教養上有衝突時，要告訴自己：「沒有誰應該聽誰的，因為方法本來就有很多種。」夠好的方法不會是強迫性的，也不是體罰。如果不自覺會用這些方式，我想可能跟自己的成長經驗有關，但不需要去批判我們的爸媽，或許他們成長的年代更苦，或許他們自己也受到上一代的影響，所以只會強迫、體罰或控制。現在我們已經是大人了，可以從自我覺察開始，試著用不同的方法去處理事情。

在我的工作中經常看到很多爸媽習慣強硬管教，不懂得變通，造成孩子覺得自己很差勁，對自己沒自信，對世界不信任，甚至長大後反過來傷害爸媽。所以我建議想要改變的爸媽們，改用不同的方式與寶寶互動，例如循序漸進的引導、示範給孩子看，或是帶著孩子一起體驗等等。如果爸媽採用不一樣的方式與孩子互動，或許能帶給寶寶更豐富的文化刺激，不過請記得剛剛說的，寶寶需要的是可預期的回應，所以爸媽兩個人的方式不要南轅北轍，要在大方向達成一致，對寶寶會比較有幫助。當寶寶更能預期爸媽的反應時，會感覺有安全感。

此外，在與孩子互動時，爸媽如果各有不同的方式，請記得提醒自己：尊重對方與孩子有他們特有的親子模式，知道對方和自己一樣，也需要透過摸索調整出跟孩子的相處方式，並且願意以體諒的方式跟對方輪流負重前行，讓對方有點時間喘口氣。這樣的尊重與體諒，對彼此的關係很有幫助。如果因為教養問題而經常衝突，請先靜下來思考這些話，等孩子睡著後找個時間好好溝通。爸媽如果能平順相處，讓家的氛圍平和，孩子的情緒才會穩定。別忘了，你們都愛孩子，但也是因為先有對彼此的愛，才會有這個孩子。

第 7 部

二到三歲

溫柔又堅定面對寶貝的強烈情緒

別催促我長大，我需要你的引導與鬆手

孩子越來越大，發展出更多的動作能力，他們會走，會用手勢、肢體語言或甚至簡單的字來跟我們互動，讓我們看到他的進步。這時我們很容易下意識地希望孩子可以快快長大，越來越有能力，於是「希望孩子學會獨立」開始變成爸媽的關注點之一。不過我要提醒的是，進入幼兒期的寶貝非常需要爸媽不以催促的態度來跟他們互動。

隨著孩子進入幼兒期，有三件重要的事想讓爸媽知道：

一、**孩子需要的是合作，而不是順從**。孩子在能夠用言語跟大人溝通之前，已經可以感覺、嘗試理解很多事了，當然他不見得完全聽懂我們的話，但孩子會以情感的方式來理解。在我們跟他互動溝通時，他能感受到我們要傳達給他的情感。例如，揚起語調說「你好可愛喔」，以及咬牙切齒的說「你好可愛喔」，感覺一定不一樣。孩子從語調和表情，能夠聽懂我們真正要表達的意思。所以在孩子邁入幼兒期、越來越有自主想法的此時，如果爸媽能跟孩子有溫暖的親子互動，孩子就會更願意跟大人合作。這裡我想強調的是「合作」，而不是順從的「乖」喔！因為正在發展「自主」的幼兒，其實要他聽話，需要的是他願意合作。所以，前面花時間建立良好的關係，後面的教養就越省心省事。

二、**少點不耐煩，多點耐心**。幼兒想嘗試的事，有時候會讓我們又好氣又好笑。不過相處時，孩子渴望的永遠是**感覺到爸媽愛自己、喜歡自己，自己不是爸媽的麻煩或負擔**。這對孩子來說非常重要。所以當我們有時候因為生活壓力而對寶貝不耐煩時，就容易給孩子「我成為爸媽負擔」的感覺。

其實身為父母，我們也很想從寶貝身上感覺到自己與寶貝是相愛、幸福的。我們有時做不到，是因為大人的世界有許多壓力、許多待辦清單，讓自己被時間壓得喘不過氣，只想趕快做完休息。但對孩子來說，爸媽停下手上的事先安撫他，比起之後吃到你為了堅持烹飪而冷落他的料理來得更重要，尤其是孩子的哭聲聽起來很迫切的時候。

三、**「獨立」是個循序漸進的學習過程**。在這麼小的年紀，孩子必須要依附大人，如果離開爸媽去上學，他們就會想辦法開始尋找另一個可以依附的大人。在心理學的研究中可以看到，即使有些幼兒在跟照顧者突然分離時完全沒有情緒，也不見得代表他們是真正的獨立。這些孩子或許早已在平常互動中，學習到大人不會回應他們的需求，所以才會壓抑自己的需求，甚至為了因應外在的情況而導致腎上腺素不斷分泌。所以在看似平靜的表面底下，他們正在耗損自己的身心健康。

身為爸媽的我們要了解，**表面所看到的孩子行為或反應，不見得是孩子經驗的全貌。孩子經常會透過一些「問題行為」，來表達自己的情感需求。「循序漸進的引導與嘗試」，對幼兒永遠是最合適的。**

我想說的是，身為爸媽，我們常會因為自己太累或想早點休息，不自覺的「催促」孩子長大——催他們趕快吃飯，催他們趕快收好玩具，催他們趕快睡覺……，但催促孩子的結果，反而讓我們常常要處理孩子的情緒。其實我們更需要的是放慢腳步，讓自己不要這麼累。

這就是為什麼，前面提過「孩子休息時，大人乾脆也跟著休息」會如此重要。幼兒期只有一次，我們跟孩子一起成長的時間也只有一次，雖然現在感覺每天都好累、好漫長，但其實跟他過的每一天，也是自己正在經歷生命的每一天。跟孩子一起成長意味著，我們試著了解他的需求，然後也了解到，自己在這過程中所經驗或獲得的同樣也很重要。

寶貝在跟我們的互動中，由肢體動作獲得後的體驗與心理認知的學習，兩者是息息相關的。

身體快速的成長、肢體動作的掌控，加上兩歲到三歲的語言大爆炸期等等，完全可以想像寶寶會充滿熱情的探索，在每天的互動中渴望去練習自己獲得的能力，喜歡去展現自己的能力。他們眼中盛滿驚喜與好奇，整天維持高轉速直到沒電了才會停止。在每天跟世界互動的過程，孩子用力的表達自己，不管是才剛剛學到的詞語或強烈的情緒，都是那麼的真實！

跟寶寶一起發現新事物，參與寶寶的成長

爸媽們要知道，寶寶的大腦發展在頭三年充滿了無限的可能性，興奮的、好奇的、充滿興趣的種種強烈情緒，恰恰最好地激發了神經元的連結，所以說「越玩越聰明」是真的。不過，兩歲多的孩子或許可以自己玩一下，但他們通常還是需要爸媽給他們注意力或跟他們一起玩。

透過爸媽的照顧，寶寶每天真實地感覺到爸媽給他的關注與愛。發展心理學過去幾十年的研究發現，親子關係的滋養是促發各項發展的重要因子，好的依附關係預測了孩子日後的學習、社交情況，以及情緒的穩定度，甚至包括身心能否健康發展。

所以，爸媽積極的「參與」是很重要的事！

不過請注意，我所謂的「參與」，不只是餵飽三餐、把孩子打扮得光鮮亮麗，或是觀察到孩子的進展時，急切地拍照分享在社群網站上讓人按讚。更重要的參與，是在親子互動的當下，我們跟寶貝一起發現新事物，我們對寶貝行為發出的讚美，在表情和肢體動作上表達出熱切、關懷

的情感。

是的，專注在彼此身上或專注在一起分享的事物，就是最好的參與。對寶寶來說，看到我們如此熱切參與，很多時候能讓孩子的能力發展得更好。

如果爸媽經常把帶孩子當成一件苦差事，不但自己很難放鬆，對孩子的成長也會有不良的影響。孩子雖小，卻能感覺到自己不被喜歡，或覺得自己是爸媽的負擔。

這當然不是我們的初衷，但我們常在不知不覺中讓孩子產生這種感覺。例如，不經意說出：「週末還要載你們出去很累」或「真煩，真不想管你們」時，孩子經驗到的就是自己是負擔、不被父母喜歡，當然慢慢地就會變成自己不值得喜歡。覺得自己是個負擔的孩子，要怎樣對自己有信心或喜歡自己呢？

其實，我自己也曾在每天柴米油鹽無限循環的照顧裡感覺到負擔，但是卡在這個苦的感覺中出不來，對我們沒有幫助，不如換個角度想吧。在長長的人生中，就算孩子小時候很依賴我們照顧，但我們陪伴孩子的同時，孩子也在陪伴我們度過每一天。

我常開玩笑說，有了孩子之後，讓我更健康，因為希望她們健康成長，以前不會煮飯的我每天都煮飯給孩子吃，不但現在可以隨手煮出幾道菜，自己也跟著吃得很健康。我想，如果只有我一個人生活，我一定懶得煮，隨便吃吃了事，所以我常常感謝自己成為媽媽，因為有孩子有家庭讓我也過得更健康安穩。雖然你現在很疲累，彷彿看不到盡頭，但我相信日後你一定能夠體會這樣的感恩心情。

溫柔，讓他知道不會失去你；堅定，才能引導寶寶長大

如果你讀過我的第一本書《愛上當爸媽這件事》，一定對幼兒期教養的首重原則「溫柔又堅定的帶養」有印象，最能促進幼兒身心健康的，就是溫柔與堅定的帶養。那麼，什麼是溫柔呢？

「溫柔」指的是願意從孩子的角度嘗試猜測或理解他的渴望，也願意尊重他想要自主，稍稍鬆手讓孩子試試看，讓他可以在安全的範圍內自己做決定。「溫柔」是在孩子受挫時，願意跟他處在那個情緒風暴裡，讓他知道即使自己瘋狂發脾氣也不會失去你，你會等待他安穩下來，與他一起面對困難。

至於「堅定」，指的是確保孩子的嘗試是在安全範圍內，基本上跟健康或安全相關的都需要堅守界線。例如，孩子回到家不想洗手、過馬路不想牽大人的手，或甚至動手打手足，爸媽都不應該對這些事情妥協。堅定界線不一定需要態度凶惡，可以是用嚴肅的表情與口吻面對寶貝，也可以運用創意解決問題，例如用想像力或好笑的方式探索解決之道。

讓我們舉一些生活上的實際例子，來說明什麼叫做溫柔又堅定。例如要出門了，寶貝堅持要穿藍色的褲子，但是剛好那件褲子早上洗了，他滾在地上哭鬧著一定要穿。面對尖銳的哭鬧，你們開始心煩氣躁，心裡想的是「又開始番了」。在這個當下，到底該如何溫柔又堅定呢？

「溫柔」就是同理——寶寶不能穿佩佩豬褲褲好生氣，心情好差！

「溫柔」就是願意理解孩子的渴望——爸爸猜你是不是想帶褲子上面的佩佩豬出去玩？

「堅定」就是堅守界線——很抱歉褲子濕濕的穿了會生病，爸媽不能讓你生病，所以我們不能穿。

「溫柔」就是有限度的讓孩子自己做決定——雖然現在不能穿佩佩豬，但可以從這兩件裡面選一件你比較喜歡的。

如果孩子不買帳，眼看時間越來越緊迫，接下來可以如何溫柔又堅定呢？

「堅定」就是畫界線——爸爸媽媽快來不及了，很抱歉我們一定要出門了。

「溫柔」就是同理——我知道直接幫你換衣服，你會不開心。

「溫柔」就是有限度的讓孩子自己決定——所以你要自己選嗎？如果你不要，我就只好幫你選了喔。

「溫柔」就是承接孩子的渴望——等我們回來如果佩佩豬乾了，媽媽就讓你穿。

「溫柔」就是為孩子留有餘地——等一下我們換好衣服，你去選兩個幸運的玩具，讓它們陪你出去玩。

「溫柔」就是承接孩子的渴望——等一下你想讓佩佩豬看什麼，媽媽就幫你拍照，我們回來你可以拿給佩佩豬看。

寶寶也會有幽默感，讓陪伴多一些歡樂

除了溫柔又堅定，另一個很重要的互動方法就是運用自己的幽默感與想像力，用「好玩」的方式化解當下的緊繃氣氛，也對親子關係有很大的幫助。寶貝會對我們在這個狀態時散發出來的輕鬆與有趣，同樣感覺到放鬆，而對幼兒來說，「放鬆」就是「感覺安全」。例如，用「想像力」來面對堅持要穿濕褲子出門的寶貝：佩佩豬還濕濕的（「你摸摸看」），不能跟你出去，她也好可憐喔。你去選個玩具放在褲子旁邊安慰她，然後我們跟她說什麼時候回來，再來看她乾了沒。「好玩」也包括「幽默感」，這點也很重要。例如，我們一起握住佩佩豬，看看她會不會快點乾（很用力握住，發出用力的聲音，持續三秒鐘），然後拍拍自己的頭說：「啊！我忘記自己不是除濕機，沒辦法這樣啦！」

聽起來好像有點搞笑，但這樣的輕鬆感卻能幫助孩子放鬆下來。因為我們說這些話時，孩子接收到的訊息是我們沒有生氣，我們正在跟他一起想辦法。

兩三歲的寶貝已經會有許多自己的想法和渴望，這個階段他們還沒有社會化，也正在發展自我感，自然無法成熟到去看見別人的需求，他們只會執著於自己的想法。我以過來人的身分想跟大家分享，我們成長過程中經驗過的強迫壓制、嚴厲管教或冷漠無視，對我們與孩子的關係沒有太大幫助，那些方式只會讓親子關係變得劍拔弩張。

最有幫助的，就是以下這些做法：堅定——當孩子三番兩次嘗試拉扯我們的界線卻發現我們不為所動時，結果就像社會有法律讓大家可以感覺更安全一樣，他們會依照這樣的經驗來調整自己的行為。我們在堅守界線的同時，提供溫柔的同理心，承接孩子的渴望，給出選項讓孩子自主選擇，這樣一來孩子會覺得自己被尊重、被愛，同時可以用「輕鬆好玩」的方式讓彼此放鬆下來。三管齊下，我們跟寶貝的互動一定會越來越順利。

幼兒身心發展：建立自我感

幼兒們總是好奇，總是衝動行事，還常有自己的意見，有著大人們看起來無謂的堅持，還有讓人摸不清頭緒的強烈情緒。幼兒們真的是讓爸媽感覺又好氣又好笑！

所以在這個章節，我希望幫助爸媽理解幼兒讓人受不了的幾種行為，例如無謂的堅持、霸道不願意分享等等，希望幫助爸媽理解為什麼幼兒會有這些狀況。

想像你到了一個新的地方，剛學會當地簡單的手勢或語言，可以和當地人打招呼，你心裡是什麼感覺？會不會覺得很新奇，也很有成就感？接下來只要有機會，你是否會興奮的想繼續用你剛學會的手勢或語言，試試看跟別人互動？

是的，這個階段的寶寶，就有點像是處於這樣的情境。

寶寶從爬得越來越快，接著開始會走路，甚至開始奔跑，他們在滿一歲到兩歲之間會逐漸發展出許多動作能力，所以對他們而言，用這些能力來探索和體驗這個世界，讓他們覺得很興奮、很有趣。

所以當你看到幼兒動個不停，或是在三歲語言能力突飛猛進時，對我們問個不停，其實都是孩子嘗試運用自己發展出來的能力，去經驗、去了解這個世界。

我媽說我兩歲多時，總是指著東西問個不停：「嘿……西蝦？」（「那是什麼」的台語）這樣的發問，就是讓寶貝覺察到自己跟爸媽不是一體的，是分開的個體，所以他會以行動、語言表達好奇或「這是我的」、「我要」。

自己主動表達、主動嘗試的經驗，幫助孩子理解了一件事：原來有時候他們可以不依靠大人，自己就能執行自己的想法，然後在嘗試過程中感覺到許多樂趣與成就感時，他們迎來許多屬於「自己」的第一次經驗。「自主」，是孩子發展社交情緒一個很重要的任務，但帶過小孩的爸媽都知道，當孩子安靜好一陣子都沒來找你時，有時候不見得是好事，有經驗的爸媽通常會警鈴嗶嗶作響，因為寶貝可能正專注在「實驗」他們的想法——可能是讓人好氣又好笑的實驗（就像繪本《包姆與凱羅》一樣，凱羅把衛生紙玩得滿屋都是……）。幾次下來，我們對每個「片刻的寧靜」都會產生懷疑。

事實上，這些專注執行的經驗都充滿著孩子自主的想法：「我現在一定要做這件事」、「這件事只能用我的方式做，而且我要一個人做」。

記得提醒自己，孩子這樣的自主探索，其實是在幫助他建立「自我感」。而且因為自主探索帶來的成就感，會讓他開始相信世界是欣賞也是支持他的能力的，於是這樣的自主，就可以幫助孩子在四到五歲時願意主動參與。因此，雖然有時候很讓爸媽傷腦筋，但自主探索是必須的，因為孩子在嘗試的過程中感覺到自己是有能力的，這會為孩子日後的自信心打下很好的基礎。

話雖如此，爸媽就算理解孩子這樣的心理需求，但還是容易被寶貝自主探索所製造的混亂氣得牙癢癢。客廳已經被搞得一團糟，還要看到他那一抹得意的笑容，讓我們感覺都快昏倒或要爆炸了。其實很多時候，我們的崩潰點是來自於感覺自己「又多了一件麻煩事」，而不是孩子的自主嘗試。既然孩子的調皮嘗試是無可避免的，我建議讓「收拾」這件事也變成雙方一起參與的經驗，即使是一歲半的幼兒，也可以參與擦拭或撿拾。不要急著自己一個人收拾，然後自怨自艾，因為更重要的是，參與收拾可以讓孩子觀察到他的行為帶來的後果，明白自己的實驗會給自己帶來麻煩，其實這也是一種機會教育。

賴在公園不肯離開，怎麼辦？

除了自主探索與實驗，另一個難題是寶貝的堅持與無法配合。相信爸媽們都有這樣的經驗：在公園玩得很開心，爸媽說「該回家囉」，孩子秒變臉哭鬧；或是在家疊積木，爸媽說「吃飯囉」，孩子好像完全沒聽到，一旦將他抱起，他馬上崩潰，反抗著說：「不要。」

對於追求自主的幼兒來說，他們很希望所有的事都照他們的時間表來。他們的時間表就是「玩到不想玩為止」。我們當然不可能這樣配合孩子，因為那不是健康的做法，所以的確會遇到類似的難題。

這個時候，我建議可以思考如何給孩子一點心理準備，或是讓他擁有某種掌控感。

由於幼兒對時間沒有概念，所以我不建議爸媽用玩幾分鐘、玩多久來讓他們選擇。我們可以用更具體的「次數」來表達：「等下我們要回家了，你要再玩三次還是五次？玩完我們回家。」然後在旁邊算次數給他聽。在玩最後一次時，**順便預告接下來的任務**：「好，我們要跟溜滑梯說掰掰囉！等下走回家，我們要去看剛剛的狗狗還在不在。」

如果孩子還是開始哭鬧，可以很嚴肅地跟他說：「剛剛你選了五次，媽媽有遵守約定讓你玩，所以現在輪到你遵守約定，這樣下次我們才會再過來玩。」

如果當下他繼續大哭大鬧，甚至在地上滾，這時可以把孩子移到比較僻靜的角落，不要承受其他人的眼光，就比較沒有那麼多的壓力。然後，再嚴肅地重複一次剛剛講的約定，也順便提到接下來的任務，讓自己比較能夠冷靜地處理孩子的情緒。

寶寶為什麼堅持己見、無法分享？

除了轉換活動時無法配合、堅持己見，孩子讓爸媽感覺三條線的，還包括對玩具的堅持或生活中看似無意義的堅持。有時候大人覺得很難理解，為什麼孩子對玩具就是無法放手，或是在那個時間堅持非得做那件事不可。其實對幼兒來說，他們會希望在每個時刻都感覺到自己是很棒的、很有力量的，所以大人眼中那些無謂的堅持（有時甚至強烈到像是挑釁），會讓爸媽與孩子陷入權力的拉扯，在角力過程中，大人或小孩都很容易崩潰。

大人常會用抽象的語言來要求孩子：「你要乖，表現要好。」這對孩子來說是很難理解的，因為他們的發展尚未成熟，很需要大人引導或示範，所以我們可以盡量具體一點，或是帶著孩子一個步驟一個步驟的嘗試。

幼兒的自我中心有時會讓我們感覺他們很自私，以不肯分享玩具這件事為例，之前說過，在這個階段，孩子很享受運用自己發展出來的能力去自主探索，而玩具提供給他們更豐富有趣的經驗，因此很多時候玩具被他們視為是自己一部分的延伸。**在孩子的心理經驗裡，失去玩具就像是失去一部分的自己**。此外，孩子對於「分享並不會影響自己的擁有權」這個概念也不理解，他們的感受更像是「可能永久失去自己的一部分」，所以那些強烈的抵抗或攻擊是不是就比較能夠被理解了呢。

在發展上，如果爸媽不引導而只用口頭勸導的方式，以孩子的認知發展至少要到四、五歲，才能逐漸明白輪流與分享是什麼。所以，對於一歲半到三歲的幼兒，爸媽不要有過高的期待，不要因為寶貝做不到而感覺挫折。

教孩子學會「輪流」與「分享」

當然，如果家有手足一直為了搶玩具而爭執，爸媽希望孩子早點學會輪流分享，用「操作」的方式來幫助孩子學習會很有幫助。我來跟大家複習一下《愛上當爸媽這件事》所寫的方式：使用巧虎教的「數到五換人玩」來學習輪流是什麼。當兩個孩子搶一個玩具時，爸媽可以拿起來對兩人說：「記得巧虎說『數到五換人玩』嗎？我們現在要來試試看數到五換人玩。」於是爸媽開始執行這樣的數數與輪流，幾次下來孩子便能從操作中明白輪流的真正意義，然後數到五可以變成數到二十或五十，漸漸的孩子就能習慣輪流。

我在演講時也曾被詢問過：「老師，我用了這個方法，但其中有個孩子賴皮不肯把玩具交出來，怎麼辦？」如果是這樣，大人就要介入仲裁，把玩具直接拿給另一方，強化這個輪流的規矩。不過在這個過程，我們可以用更簡單的話語幫助孩子看到這樣做的好處，讓他們更願意配合。

因為「輪流」或「分享」這樣的語言，畢竟太抽象。「輪流」是什麼？「分享」是什麼？如果真的要引導寶貝學會輪流與分享，我們必須從孩子的視角看到這樣做對他的好處，來幫助他從自己的經驗理解這些事。例如，**「輪流」就是「只要等一等，玩具就會回到手上，不用生氣或吵架」；「分享」就是「讓我們可以玩到更多的玩具」**。

以孩子的視角說出他們當下的經驗，絕對可以幫助寶貝更快理解，孩子在這些經驗裡理解這麼做對自己的好處，當然就比較容易配合。不用害怕說出好處會讓孩子以後變得太功利，因為一開始當然是「讓我玩到更多玩具」讓孩子感覺很棒，但是慢慢的，孩子會發現更棒的是：「原來我可以透過輪流分享，和平的跟其他人一起玩，不用擔心我的東西被搶走。」

當然，你當下的讚美與回應也會很有幫助，一旦孩子遵守數到二十換人玩，你可以對他說：「寶貝數得好清楚！」「媽媽看你好有耐心，好棒！」「爸爸媽媽好喜歡你可以等待喔！」「剩下四，玩具就回到你這裡囉！現在剩下三。」我們的讚美對孩子來說，無疑是一個額外的幫助，他們除了在經驗中觀察自己這樣做的好處，還可以看到自己正在做著讓爸媽高興的行為。因為愛爸媽，孩子更願意合作，而爸媽的溫暖關注，讓寶貝更容易內化這樣的習慣。

有語言能力，不等於完全理解

幼兒期的孩子讓父母覺得頭疼的，就是很堅持或講不聽，所以我們總覺得孩子番霸霸。想要平順的帶養，第一步就是了解孩子的發展如何影響他們的行為與情緒，因此我們要來談談兩三歲幼兒發展的特質。

記得以前在家帶小孩時，偶爾會被孩子的反應給嚇到。倒不是因為孩子做了什麼讓人驚嚇的事，而是她們在跟我溝通時的回應，常會讓我感到驚訝與驚喜。那種嚇一跳，就像是「哇！原來這些你懂了」的感覺。

所以接下來我想跟爸媽分享一下，在綿綿無止盡的辛苦照顧與帶養過程，到底孩子會發展出哪些能力。希望爸媽們在明白了寶貝因互動而展現出來的進步時，會對自己努力的成果感到欣慰，也可以因為更了解孩子而知道如何進行下一步。

在嬰幼兒時期，依附情感比我們想像的重要許多。一般人以為，依附談的是安全感，但其實更重要的，是孩子在建立依附情感的過程中，可以從爸媽的表情及眼神，開始去理解別人也有個心智：別人對我做這件事，可能有他的意圖與感受，他的想法或感受不見得與我相同。是的，除了安全感，孩子社交情緒的發展也是從親子關係出發的。理解別人心智的能力，對日後孩子進入一個群體的關係（簡單來說就是他的ＥＱ與社交力）有很大的幫助。

前面章節有提過，一歲左右的寶寶在不確定的情況下，會參考媽媽的臉部表情來判斷自己該怎麼做（會讀媽媽臉色來幫助自己避免危險）。

這個年紀的孩子對周遭一切仍然很努力地在了解中，由於認知層面尚未成熟，幼兒的世界充滿了許多困惑。爸媽剛剛對自己說的一些話，那些話到底是什麼意思？自己要怎麼做？這個世界到底是怎麼運作的？幼兒期的主要任務就是理解這個世界，並與這個世界有更多互動。

這個階段的孩子，會用自己所知的不同方式，不管是身體體驗，或是語言表達，去嘗試建構一個自己融合抽象與具體經驗的世界。他們從一次又一次的嘗試與互動中尋找相關聯的要素，幫助他們預期生活中應該會發生的事。

在兩歲到三歲這一年，突飛猛進的語言能力讓孩子得以即時提出自己的疑惑，對於他們如何理解世界有很大的幫助。

記得有一次，我們全家去九族文化村，坐纜車時車廂裡有一隻大蚊子，我很擔心孩子被叮，試著想打蚊子，邊打還邊說：「這可惡的死傢伙！」我當時才兩歲多的孩子看著我，表情困惑地問：「媽咪，是我嗎？我是死傢伙嗎？」當下感覺又可愛又好笑，但這次例子讓我更明白，對這個年紀的幼兒來說，要明白爸媽說的每句話一定很難，一定常常會遇到讓他們困惑的狀況吧。

如果是這樣，我們要如何要求我們講過的他就要聽得懂，或是都能做得到呢？所以除了需要我們的耐心，年幼的孩子也需要我們簡單地解釋自己說的話，幫助他們了解自己正在體驗的抽象世界。

常讓爸媽崩潰的幼兒四項特質

在每天跟孩子的互動中，我們也在幫他們內化社會的價值觀。通常，爸媽可以從孩子玩耍的過程，觀察到他們如何內化這些價值觀與自我期待。例如，動物玩偶要乖乖坐好不亂動才能聽故事，買東西要先付錢才能帶走等等，非常有趣。不過，兩三歲的孩子有幾個容易讓爸媽崩潰的特質，包括「無謂的堅持」、「自我中心」、「衝動」及「無法與他人分享」等。讓我們一一來解碼這些令人頭疼的問題。

一、無謂的堅持

首先，是大人認為是「無謂」的堅持——事情一定要照著他們想要的方式做，比方說堅持要按電梯、堅持要用同一個碗、堅持要我們讀同一個故事，或是東西一定要照他的方式擺放。

爸媽一定會問：「為什麼孩子就這樣堅持？」事實上，這樣的堅持也是認知發展的一個特徵。不管是否危險，不管是否恰當，孩子已經能夠感知到自己想達到的目標，更重要的是他們在嘗試當中，可以牢記自己的目標繼續嘗試。甚至有時候那個「堅持」，是跟不願意失去自己的能力或失去一部分的自己有關。例如，堅持不沖掉自己的大便（幼兒很常把排泄物看成自己的一部分），或是堅持不能把糖果的包裝紙丟掉等等。

所以當孩子堅持要按電梯、堅持要使用同一個碗、堅持要我們讀同一個故事時，爸媽可以試著去理解其中的原因。堅持要按電梯，可能是因為想要感覺自己有能力；堅持用同一個碗，是因為自己喜歡；堅持要我們讀同一個故事，是因為熟悉的安全感。每個堅持底下可能有不同的意義，如果我們願意去猜測，就能因為這個猜測而調整回應孩子的方式。

當我們太累或心情煩躁時，很容易就會把孩子看作是任性、固執或反抗。但在了解孩子發展的情況下，我們其實可以把這個大人認為是無謂的堅持，理解成「他清楚知道自己想要什麼，所以想要照自己的想法去做」。不同的理解帶給我們的感受就會不一樣，感受不一樣，我們回應孩子的方式也會不一樣。

理解孩子不代表贊同，也不表示我們要順著孩子、不去導正他的行為。這樣的理解是用來幫助我們，讓我們不會感到不耐煩，或是一直想用處罰的方式讓孩子停止。當孩子感受到即使自己要的跟爸媽不一樣，但爸媽不會用處罰的方式對待自己時，他會知道什麼是尊重，也會感覺到即使爸媽不開心，他們還是關心自己的。

二、**自我中心**

幼兒的「自我中心」，有時會讓爸媽崩潰。其實在幼兒發展上，這個階段發展的「自主」，某個程度是「自我中心」的體現。不過，這是必要的，在社會化之前，能夠清楚的知道並表達「我是誰」、「我想要什麼」，開始建立這樣的自我感，才能在日後的團體生活開始學習人我的界線。

孩子的成長過程都是環環相扣的，在動作能力及自我感的發展下，兩三歲突飛猛進的語言能力更能幫助他們表達自我。不要很快就認定孩子是自私、霸道的，因為每個幼兒都是同樣的自我中心。事實上，我們每個人都是從這樣的自我中心開始，慢慢學習跟他人妥協的。

三、**衝動！現在馬上要！**

除了自我感，幼兒的「衝動」也是有名的，「現在馬上一定要」是他們的生存法則。在追尋自主的自我中心時，寶貝們很容易用行動來體驗或實現他們的想法。如同剛剛所說的，自我中心會讓孩子有馬上要去追尋的衝動，他們還無法有清楚的因果邏輯，當然也無法在腦中預演這麼做會給自己或別人帶來什麼影響。不過好消息是，當孩子越能夠用語言表達，這樣的衝動會因為可以更快表達出自己的想法而減緩。

四、無法與他人分享的占有欲

除了衝動外，孩子無法與他人分享也常讓爸媽傷透腦筋。在這個階段，孩子結合衝動與對玩具的強烈占有欲——「我想要，馬上就要」，有時候會直接上演與其他孩子搶玩具、打架哭鬧的戲碼。

這其中的原因，除了還沒有社會化、認知上還無法理解分享外，其實還因為他們很容易就把玩具視為是自己的一部分，透過玩玩具，孩子感覺到自己擁有更多的能力。所以所謂的無法分享，不是爸媽所認為的霸道，而是孩子不希望失去自己的一部分，不希望失去讓自己感覺更有能力、可以做到更多的那個部分。不過好消息是，越能夠表達自己的孩子，衝動性越低，因為用說的會比用動作更快讓其他人了解自己想要什麼。所以別擔心，動作上的衝動，在孩子語言能力越來越成熟後就會降低。到了四、五歲，孩子就會感覺成熟許多。

講了一堆負面的發展特徵，再加上情緒容易暴走，感覺這個階段的幼兒似乎一點都不可愛？

當然不是。雖然有上述幾種特質，但我們會發現孩子開始發展出初步的因果概念了。例如受傷時，他可能會記起爸媽之前溫柔的安撫，於是走向我們跟我們討「呼呼」或「秀秀」。孩子會開始想像可能的結果是什麼，這樣的因果推論能力對於日後的衝動控制會有很大的幫助。此外，他們對外界的熱情與好奇，也常會讓我們重新認識這個世界。很多時候我們還是會覺得孩子好可愛。

或許是因為我自己學的是發展心理，所以對於觀察孩子每天的行為有著很大的興趣。從觀察孩子、思考孩子的行為當中，我們可以慢慢看到每天的忙亂終於有些小小的成果。當孩子把手上的葡萄餵到自己嘴裡時，當孩子飛奔過來邊叫「爸比媽咪」邊抱著我們時，跟當初那個軟趴趴的小嬰兒相比，真的讓我們的心都融化了。所以疲累時，記得提醒自己辛苦是有成果的，孩子成長了，更有能力回愛我們，我們能與他一起體驗經歷的事更多了！記得替孩子謝謝自己，也記得感謝孩子來到我們的生命中，讓我們在每天忙亂的生活裡成就彼此的幸福。

身為爸媽，要學習覺察自己的情緒

之前有提到，盡量不要讓孩子覺得自己是爸媽的負擔，要讓孩子感覺到自己是被愛的，是一件很重要的事。其實不只是幼兒，任何年紀的孩子都會需要感受到父母是喜歡他們的。這樣能讓他們建立起自信，讓他們覺得自己是值得的，進而培養自我尊重的態度，不容易自暴自棄，也會更願意跟其他人互動。

此外，感覺自己被爸媽喜歡的孩子，更容易與爸媽合作，因為他們已經找到方法可以用正向的行為來得到爸媽的關注。那麼，希望在幼兒期能夠平順帶養，爸媽除了承接孩子的情緒之外，還有哪些事是有幫助的呢？到底大人要怎麼做，才可以讓孩子感覺「被喜歡」呢？他們到底需要什麼呢？

孩子需要我們在他們面臨困難時跟他們在一起，這當然包括孩子有情緒的時候。**孩子需要愛，尤其是在他們不值得被愛的時候**。對幼兒來說，要調節自己的情緒，還是很仰賴爸媽或主要照顧者，需要照顧者願意安撫或陪孩子一起度過這樣的情緒風暴。

要能夠包容孩子、與孩子一起面對情緒風暴，非常重要的一件事是，大人要覺察並學會調節自己的情緒。比起處處被規範的小孩來說，當大人的好處是擁有自由，但是當大人要承擔滿滿的責任與生活壓力時，再怎麼平穩的人都可能會有瀕臨崩潰的時候。在感覺過度負荷時，不要急著想消滅那些負面情緒，如果能夠偵測到自己情緒的變化，在情緒爆炸前把自己拉住，就能維持穩定的狀態來面對孩子的情緒風暴。

所以下次當寶貝搗蛋，我們的理智快斷線的前一刻，就可以試著覺察身體給我們的一些訊號，例如感覺頭部冒煙、心跳加速、臉部漲紅等等。這些腎上腺素激發的危機訊號，就是給我們的線索，告訴我們快要進入「戰」或「逃」的狀態了。

一旦察覺到這些生理訊號，記得要努力試著按下暫停鍵。這個暫停鍵可以透過轉移自己（不管是把視線移開、拉開身體距離或做些深呼吸），來幫助我們在那個「一觸即發」的情況下稍稍降溫。

其實在很生氣的當下，每個人的反應都一樣：不是想攻擊對方，就是想把對方丟掉或躲起來（這就是壓力底下的戰或逃反應）。在已知的腦部研究中，可以看到大腦偵測到威脅時，上面主宰思考的皮質層與中間的邊緣系統都會關閉、變暗，只剩下杏仁核在發亮。

杏仁核是危機處理中樞，既然是處理危機，自然要快狠準，必須將威脅的預設值設到最高（意思就是必須設定在有隻熊快要吃掉自己的這類強度）才能保護到自己，所以只剩下杏仁核主宰的反應都很強烈。不幸的是，杏仁核無法思考，甚至也沒有記憶的能力，這也是為什麼人在崩潰或憤怒時會攻擊或逃走，事後卻常常不記得自己說過什麼或做過什麼。

然而，不加思索的情緒暴衝會造成許多親子之間的傷害。在我工作中認識的青少年曾告訴我，小時候爸媽在盛怒下對他們說過惡毒的話（我好後悔生了你）或威脅不要他們。我相信這些話他們的爸媽早就不記得了，卻深深烙印在孩子心裡。

你一定想問，為什麼孩子就只記得這些不好的，卻沒看到爸媽每天的付出，不去記得那些好的回憶呢？不能說孩子不知感恩，這又要講到大腦的另一個功能了：為了幫助我們在未來可以趨吉避凶，大腦傾向去記憶負面的經驗。所以當爸媽發完脾氣，早就忘光光自己講過什麼話時，孩子會記得這些話並深深感到受傷與不被愛。

所以穩固親子關係，很重要的做法就是「**盡量不要讓杏仁核主宰我們，維持住自己的思考能力**」。其實，我覺得這句話適用於任何重要的關係。不讓杏仁核主宰，我們就不會衝動的戰或逃，自然就不會說出或做出傷害彼此的事。

穩定自己情緒的步驟，包括在觀察到腎上腺素激發的生理訊號時，記得邊走開邊做深呼吸。

深呼吸的好處，是直接以緩慢的呼吸來告訴備戰系統安穩下來——沒那麼危險，別緊張！研究顯示，杏仁核自己要降溫至少需要二十到三十分鐘，所以我們用深呼吸的方式幫助全身降溫。

但憤怒是很「行動化」的情緒，必須要以「行動」來宣洩，所以在此同時，可以允許自己讓攻擊性的想法浮現出來。記得在情緒教育中，我們要教會孩子用「不傷害自己也不傷害他人」的方式學會宣洩情緒；大人也一樣。所以我會允許自己去想「我真的很生氣，很想衝過去打他一巴掌」。不過別擔心，在腦海裡的念頭會來也會走，念頭不會真的傷害到自己或孩子。一邊這樣想的同時，一邊做深呼吸來調整自己。「想像」不會造成傷害，允許想像是給自己一個宣洩憤怒的出口。

當我想像自己想過去打孩子時，我也會開始自問自答：「我真的過去打了他，他會怎麼反應？」「他一定會鬼哭神號，我也會更生氣。」「所以衝過去揍他不是個好方法。」「如果不是個好方法，還可以怎麼做？」通常想到這裡，我會知道自己的思考能力又回來了，能夠思考表示杏仁核已經在降溫，我們就不至於說出或做出傷害孩子或是讓自己後悔的事。

把以上的內容步驟化，就像是這樣：

1覺察到自己腎上腺素激發，進入「戰」或「逃」的生理訊號。

2 嘗試把距離拉開，同時允許自己攻擊性的念頭浮現。

3 當攻擊性的念頭浮現時，我們可以邊做深呼吸。

4 開始自問自答，幫助自己回到可以思考的狀態。

「承接」孩子的情緒

自己能夠稍稍降溫不至於破口大罵或攻擊孩子，才能好好地接住孩子的情緒。「承接」孩子的情緒，到底是什麼意思呢？

從我們自己的經驗出發，我們如何感覺到愛？當然就是當我們知道這個人可以跟我同甘共苦。孩子的情緒風暴對他們來說就是那個「苦」，我們如何跟孩子一起待在那個苦裡？就是讓孩子感覺到被愛承接。

「承接」指的是我們會願意去命名，告訴孩子正在感受的情感是什麼；指的是我們願意陪著孩子一起情緒降溫，願意安撫他，不管是抱著安慰，或只是坐在旁邊等待孩子發完脾氣。我們不會因為受不了孩子的情緒，反而去攻擊孩子或是切斷與孩子的情感連結。

當然，一定會有某些時刻是我們彼此都跟對方生氣了，如果是這樣，記得提醒自己，自己不是聖人，不可能一直保持著慈愛的樣子。假如自己也生氣了，記得前面分享的四個步驟，先讓自己維持穩定的情緒再來面對孩子。在這樣的情況下，不用強迫自己去抱孩子，因為自己也還在生氣，可以先坐在同一個空間裡，允許孩子在旁邊哭鬧，讓自己降溫後再靠近孩子。

記得有一次，我很氣孩子，孩子感覺到我生氣了，開始害怕會失去跟我的情感連結，反而一直嚷著要我抱她。我當下雖然感覺很煩，但我知道要承接她的不安全感，於是決定站著讓她抱著我的大腿。我完全沒有低頭看她，因為我太生氣了，但我讓她抱著我的大腿，一邊深呼吸慢慢調整情緒後，又可以對孩子有點耐心了。

分享這樣的事只是想跟大家說，就連我這個所謂的「親職專家」也會有對孩子生氣的時刻，所以，對孩子生氣沒有關係，我們跟孩子的互動不可能也不需要永遠正向。有時候兩個人的連結會斷掉，斷掉沒有關係，只要之後我們還是努力再度情感連結，持續地跟孩子有溫暖的互動，孩子對我們的愛與信任很容易就可以彈回來。

對孩子好奇，從「猜測」傳達關懷與愛

在幼兒的教養路上，還有另一個我自己很受益的方法，就是：永遠對孩子保持好奇。當我們對孩子好奇時，會流露出一種熱切的興趣，這會讓孩子感覺到我們是喜歡他的，是很想持續與他互動的。在幼兒時期爸媽表達好奇的方式，是**盡量去猜幼兒為什麼做這些事**，或是**願意參與跟孩子的互動**。

爸媽無須像水晶球一樣，每次都猜對孩子的行為想表達什麼。更重要的是，爸媽不怕猜錯，持續地傳達對孩子的關心。好奇會讓爸媽盡量去猜測孩子行為底下的原因，有時候猜錯反而可以給孩子一個想澄清的動機，促使他努力表達自己的想法。當爸媽願意嘗試去猜測孩子的想法或孩子行為底下的意圖時，孩子就能感受到被關注、被愛。

舉個例子。我跟先生帶孩子去小吃店時，會先讓孩子坐好，我先生出去點菜，但孩子一下子就跑出去看，不肯回座位坐好。這時不要馬上定義孩子是在搗蛋或不乖，而是以猜測的方式來處

理孩子的行為。例如，可以這麼說：「讓媽媽猜猜，你是不是很好奇爸爸在做什麼？」這個「好奇」，有可能就是孩子行為底下的原因。

孩子小的時候不說，可能是因為無法清楚表達自己的想法或感受。語言能力很好的孩子卻不願意說，可能是不想讓自己再次感受到那些不舒服的感覺。有的孩子會因為害怕爸媽的反應很強烈，而不想或不敢說；甚至有些孩子可能太在意大人的評價而不想說。所以，爸媽嘗試猜測孩子情緒的來源是重要的。

對孩子來說，爸媽猜對了，自己會有一種被了解的感覺：「啊！爸爸媽媽知道我耶！」如果爸媽猜錯了，因著孩子永遠渴望爸媽的愛，他們會感覺到需要讓爸媽了解自己，因此這樣的需要會變成一個內在動機，讓孩子用肢體或用語言的方式表達自己真正在想什麼。因此，不管猜對或猜錯，爸媽都會有收穫。

愛孩子同時也要照顧自己

如何讓自己維持對孩子源源不絕的付出與愛呢？答案是：爸媽也需要有喘息的時間。而最實際的做法是：讓孩子早點上床睡覺。

你一定一頭霧水，孩子早睡跟我們愛孩子有什麼關聯？孩子早睡，可以讓我們早點有喘息的時間，讓我們擁有與伴侶聯絡情感的時間，讓我們可以稍稍收拾一下凌亂的家，可以不用再匆匆忙忙，可以好好沖個澡或泡杯花茶慢慢喝。沒錯，聰明的你一定知道我接著要說什麼：要能夠付出源源不絕的愛，一定要擁有休息充電的時間，讓我們「恢復理智」。更不用說，孩子每天規律早睡，對他們大腦的發展、情緒的穩定、身體的健康都有莫大好處。

在互動中能夠穩定地提供同理心與承接孩子的情緒，孩子就能夠更自在地面對自己的負面情緒。他知道哭是正常的，也知道可以信任爸媽會來幫助他，於是就可以慢慢學會容忍這種不舒服的感覺。在跟我們的互動裡，孩子學會了不舒服的感覺是可以被接納的，因為爸媽可以同理他的感受，讓他開始對自己有了自信。因為被承接被同理，孩子更勇於表達，等孩子進入團體生活後面對其他人的情緒，也能夠以同理心來面對，當然就能養成好的社交情緒能力。

「雙向參與」，你無須放下自己的一切

常常聽到有爸媽用「小獸」來形容自己的幼兒，這個詞給了我們許多的想像，感覺幼兒教養真是大學問。

溫暖的親子關係建立在每天的互動上，因為我們都是在日積月累的互動中了解與信任對方的。孩子也一樣。每天的相處，孩子看到我們準時接他回家、跟他玩、照顧他的吃喝拉撒睡、一起出門活動及採買等等。想跟寶貝建立好的關係，「參與，跟他有共同的活動」是不二法門。但對大部分的爸媽來說，這不是個好消息，因為平常生活就有夠多的壓力與待辦事項了，在疲累中只想好好休息一下，要硬擠出時間來陪公主王子玩，真的很難做到！

不過，在這邊我想告訴大家兩個好消息：第一個好消息是：參與，不表示你要放下一切，只能陪他聽兒歌、讀繪本或玩家家酒。

以我自己的經驗來說，我覺得日常的參與更可以是「放慢腳步的照顧」。我的孩子現在是高中生了，回想小時候那些放慢腳步的照顧，自己總覺得是一種很感人的參與。例如吃飯時，跟孩子玩猜猜看：「我們下一口吃什麼？」不管她猜對或猜錯，都可以做一些好玩的表情。有時候天氣比較暖和，幫孩子洗澡時會讓她指定身體部位後再幫她洗。我記得自己常在幫孩子洗頭時，把她們的頭髮往後攏，親親她們的臉，讚嘆著她們有多可愛，然後彼此都覺得很愛對方。多年後回想起來，心裡還是有許多的感動。

第二個好消息是：參與是雙向的，就如我先前提到的，你可以放下一切陪伴孩子，但也可以請孩子來陪伴你。

偶爾，你也可以邀請他參與你清單上的待辦事項。例如煮飯時，讓寶貝搬張椅子站在水槽前幫忙洗菜，別怕他會越幫越忙，如果能花點時間解釋或示範，幼兒一般都很希望可以模仿我們把事情做好，得到我們的認可。除了洗菜，收完衣服也可以跟寶貝坐在床上一起摺衣服。打掃家裡時，也可以給他一條抹布擦客廳的桌子。當我們這樣做時，是在傳達一種「我們生活在一起」的感覺，寶貝會感受到自己與你共同生活的溫暖感，就算因為年紀小做不好，但這樣的參與經驗會讓他對生活產生興趣，甚至日後對家務也能養成願意參與的好習慣。

所以雙向的參與，包括「放慢照顧的腳步」以及「讓孩子來陪伴你」，而不是逼迫自己一定要擠出時間陪孩子，這樣或許我們會比較放鬆。一旦我們能放鬆，跟孩子的互動就會更順利。

鼓勵孩子說出自己的感覺

在陪伴孩子的過程，我們常會面臨到寶貝的情緒問題，有些網紅媽媽也會用「小獸」來形容孩子。之所以這樣形容，我猜很大部分的原因是，寶貝情緒一來真的很難講得通。所以，接下來我們要聊聊孩子的情緒。

在情緒教育中，有兩件事很重要：**一是教會孩子表達情緒**，因為能說得出來的情緒就比較不可怕。**二是教會孩子正向的消化情緒**。孩子會表達情緒之後，我們還要引導他以「不傷害自己，也不傷害別人」的方式來消化自己的情緒。所以寶貝可以生氣，但是不能打人，不過生氣時可以跺跺腳、可以打枕頭，或是推牆壁。

就算孩子莫名生氣讓我們摸不著頭緒，就算覺得孩子生氣的點看起來很好笑，他們還是需要被允許有這些感覺。

例如孩子不想坐安全座椅時，爸媽可以說：「雖然你會不舒服，為了安全我們都要綁安全帶，爸爸媽媽也是。所以雖然你看起來很生氣，媽媽還是要幫你扣安全帶。」「你可以帶你的熊寶寶看窗外的風景或跟它玩，如果時間夠，我們也可以停車多休息，讓你下來走一走。」如果孩子持續生氣拳打腳踢，你還是要堅持綁好安全帶，並繼續簡短地說：「你很生氣，因為我們都要綁安全帶。」「你踢踢還是要綁，你看媽媽也要綁。」同時等待他宣洩自己的情緒。

有些爸媽會無法堅持下去，因為孩子大哭讓自己受不了。如果是這樣，我建議受不了孩子哭鬧而開始煩躁的爸媽們，可以隨身帶副耳塞來降低哭聲的分貝，讓自己不會因為受不了哭聲就妥協退讓，允許孩子不坐安全座椅。真的不忍心孩子哭就早點出門，中途多讓孩子下來休息，會很有幫助。

回到情緒教育這件事，關鍵在於：從觀察中講出孩子正在體驗的情境與情緒，不管是好的或壞的。孩子必須經驗到爸媽是允許他說出這些感覺的，不管那是緊張、生氣、害怕，還是不耐煩。當他說出這些情緒卻還是可以被爸媽接受，他才不會去壓抑自己的感覺。因為好的感覺跟壞的感覺本來就可能同時存在。在這個年紀，學習說出這些感受是重要的，更重要的是，在說出這些感覺後還是可以被爸媽接受，我們的接納可以幫助孩子建立一種「我不夠好，但你還是會愛我」的信任。

在日常生活中讓孩子習慣去講出情緒與感覺，對孩子學會表達感受有很大的幫助。有些爸媽可能會擔心，同理孩子會不會讓他的感受被放大或更嚴重？我想不妨以大人的經驗來想這件事：「如果我們很生氣，但是感覺得出來對方了解我們在生氣，也願意接納我們的生氣，那麼我們通常不會更生氣。」只有當我們生氣而遭到對方回擊或無視時，才會讓我們更生氣。孩子也是人，所以不要害怕說出他的感覺會讓他更暴走。

孩子突然暴怒，如何安撫？

有時候處在情緒風暴下，有的孩子會做出強烈的行為，例如用頭去撞牆，或是突然往後仰，將自己摔在地上。如果你的孩子有這些行為，他不是要威脅你，也不是在報復什麼，他其實要說的是：**「我太生氣了！我不會說也不知道該怎麼辦，我好不舒服，我要把這些可怕的感覺丟掉！」**

這個時候該如何跟孩子保持情感連結呢？首先，要確保他是安全的，所以先用手擋住他的身體，用穩定的聲音對他說：「我們不撞頭，因為爸爸不要你痛痛或受傷。你現在就是很生氣很生氣！」**越無法用語言表達的幼兒，越容易用肢體來宣洩強烈的負面感覺**，如果我們有看到事情的來龍去脈，可以直接說出「你很生氣爸爸不讓你跳沙發」，幫助孩子學會用語言表達，他們的自我攻擊就能夠減低，因為用說的比用行動表達要快多了。

面對孩子無止境的探索，很多時候他們會需要大人告訴他們：「該停下來了。」教養時記得使用清楚簡短的語句，以堅定平穩的口氣說話，而不是一味的制止他們。在想要出言制止的當下，加上「我們」這個主詞或「具體」陳述他的行為，會有幫助。這邊有幾個例句可以供爸媽參考：

．與其說「不可以玩水」、「不要大叫」，建議換成「我們不玩水，因為……」。

．與其說「你不要讓弟弟受傷」，建議換成「我不喜歡你靠近弟弟時揮棒子，所以我要幫你停下來」。

這兩組例句最大的不同，就是爸媽嘗試用「我」來傳達訊息，而不是用「不要」或「你」。使用「我們來……」跟「我不喜歡你做……（行為），所以我會幫你……」，是希望孩子不要一下子聽到「不要」，就感覺被限制而反抗。

如果你覺得自己不懂小孩，孩子經常對你表示憤怒或強烈反抗，或是你自己經常大吼大叫覺得崩潰，這表示你跟孩子的情感可能需要修補。這當然不代表你是很糟的爸媽，因為生活裡的壓力可能讓你要平衡自己都不容易了，如果又加上孩子先天帶來的氣質（有的孩子個性堅持，有的孩子比較愛哭），要維持平穩真的是很大的挑戰。不過，修補親子關係任何時候都不嫌晚，當然前提是你要能夠覺察自己的情緒。自己越平穩，就越能有心理空間去承接孩子的情緒。

我們可以從自己的經驗這樣想，當我們跟別人發生衝突，可能之後會需要好幾次的溫暖互動，才能讓我們感覺這個人其實對我不壞。同理可知，修補親子情感的關鍵就在於增加溫暖的親子互動──表達關懷、帶著孩子一起體驗、分享笑聲等，都可以是修補情感的方式。

其實，幼兒是很容易原諒爸媽的，因為他們非常渴望爸媽可以愛他們。身為父母的我們又何嘗不是如此？在親子之愛面前，我們可以不計前嫌的反覆當傻瓜，「五分鐘前被孩子的哭聲氣到很想把他丟在一旁，五分鐘後看到孩子破涕為笑的樣子，心又融化了……」這就是我們的日常。

在孩子的情緒風暴慢慢平穩下來後，「對彼此的愛」會讓我們感覺一切都是值得的。不管是照顧的過程放慢腳步，或是讓孩子參與我們的活動，或是空出時間跟孩子玩，相信我，透過這個過程，不只孩子會感覺到自己是被喜歡的，我們也會從中感覺到被愛，感覺到自己是夠好的爸媽。若干年後回想起來，心裡都還會甜甜的，因為那就是我們跟孩子愛的回憶。

第 8 部

分離、外出、良好習慣

寶寶的世界，放大中

面對寶寶的分離焦慮

一歲半到三歲的寶貝真的讓人摸不清狀況——有時候會推開我們的手倔強地說「不要」，有時候又會緊黏著我們，完全不允許我們離開他的視線；有時會跑過來可愛地抱抱我們，接著又像沒事一樣的走開。其實，孩子就是在「自主」與「親密」之間，找尋他感覺最舒服的距離。這並不是什麼特別的發展情況，事實上，我們每個人一生都在這兩個點擺盪。

通常在六個月時，寶寶已經可以理解，即使現在看不到某樣東西，但這個東西還是存在的。這個認知能力叫做「物體恆存」概念。

如果是這樣，為什麼看不到爸媽會讓寶貝這麼緊張呢？原因是寶貝理解自己是脆弱的，非常需要依賴照顧者，就連同為靈長類的幼猴也會盡量待在媽媽身邊，因為能確保有一個照顧者在身邊，就是自己可以安全生存的保證。

而且，孩子對於「時間」還沒有概念。爸媽離開十分鐘跟離開幾個小時，同樣會引起很大的焦慮。在他們心裡，自己是很脆弱的，而那個可以確保自己安全的人卻不見了。

分離焦慮不是只有在跟爸媽分開時才會發生，以下這些情況都可能引發寶貝的分離焦慮。例如，去到一個新的地方，有許多陌生臉孔；聚會時爸媽忙著跟親戚說話，或是為了跟親友說話而催促孩子自己去玩；晚上睡覺時，感覺閉上眼睛就是跟爸媽分開了……。特別要提到的是，從小就送去托嬰中心的寶寶，平常可能對跟爸媽說再見沒有那麼多的情緒，但是一旦生病或是感覺到壓力時（例如孩子跟保育老師的關係不穩定），在送到托育園要跟爸媽說再見時，還是有可能會產生焦慮情緒。

到底一歲半到兩歲的寶貝有可能會出現什麼樣的超級黏人狀況？曾有媽媽跟我反映：「太誇張了！我上個廁所門都不能關，關了她就哭得鬼哭神號。」

雖然這半年的超黏人狀況，會因孩子本身的氣質及帶養關係而出現個別差異，但其實孩子會黏人是有其發展原因的。想像一下，一歲半的孩子開始覺得自己擁有不少能力，於是很興奮的要去體驗世界，但同時他會在一次次的挫敗中，感受到自己的能力沒有想像的那麼好，自己真的還只是個寶寶，還是有很多做不到的事。這些挫敗讓孩子感覺脆弱、沒有安全感，因此非常需要轉向回來，尋找可以提供安撫與安全感的爸媽。

這種黏人的狀態在一歲半到兩歲的半年期間，會特別明顯，因為寶貝剛發現自己沒有辦法如想像的那麼獨立，沒有自己想的那樣可以做到所有的事，偶爾還是需要爸媽在旁邊協助。所以對他們來說，看得到爸媽是很重要的。

看著客廳那一頭是自己最熟悉的安全感與安撫（爸爸媽媽），另一頭則是自己在角落探索經驗到的新奇與興奮，一歲半到兩歲的孩子很容易在這兩端之間擺盪，想想他們其實也很不容易。

爸媽看到孩子才一下子沒見到自己就狂哭，一定想問：「明明以前還可以自己玩幾分鐘，為什麼現在黏成這樣？」「天啊，該不會一直這樣吧？」

當然不會一直這樣。一歲半到兩歲的這半年，孩子正試著在建立自主能力與依賴爸媽之間取得平衡，非常需要我們不會因為他變得特別黏人，就不耐煩的把他推開。推開他，會讓他更沒有安全感。他需要的，是我們跟以前一樣安撫他，回應他的不安全感。如果我們持續這麼做，兩歲後，這樣黏人的情況就會因為他慢慢找到自主與親密的平衡而消失。

允許孩子選擇一個「過渡性客體」（安撫物）

你一定會想問：「孩子何時才學得會自己面對情緒？難道他會一直需要我幫他調節情緒嗎？」當然不會！每個孩子從出生之後，就會一直往獨立的道路上走。記得史努比那個帶著毛毯的好朋友嗎？孩子在能夠開始自己調節焦慮或其他情緒之前，也會需要這樣的一個安撫物（過渡性客體）。

安撫物可以是一隻熊寶寶，或是一個洋娃娃，最重要的是，它必須由孩子自己選擇。這樣的安撫物有兩層心理意義：**第一層，它象徵寶貝自己的依附關係**，緊張的時候他可以緊緊抱著熊寶寶，讓自己感受到媽媽緊抱著自己的安全感覺。除了安全感之外，**第二層是他可以在跟安撫物互動時，感受到一種「自我掌控感」**——興奮時可以撕咬，生氣時可以丟，歡喜時可以又抱又親。

這個「安撫物」給了孩子一個過渡的機會，讓他安全地體驗自己在分離時可能擁有的不同感受，讓他在這些強烈又複雜的感受裡，得到一點點的掌控感。當爸媽不在身邊時，安撫物的柔軟讓寶貝想起被安慰的感受，於是他抱著這個安撫物緩解跟爸媽分離可能帶來的焦慮。如果孩子開始藉由抱熊寶寶來安撫自己，那麼爸媽就真的不用擔心孩子會一直依賴他們了。

當爸媽開始考慮讓孩子去上學時，會聽到好多分離焦慮的故事，像是孩子一直哭一直哭不肯進去，或是不讓爸媽離開。如果寶貝有這樣的分離焦慮，爸媽該如何承接他的情緒呢？

首先你也許會問，孩子幾歲送托育好呢？我想如果是喜歡當全職媽媽的人，基本上四歲左右開始上學是很好的，因為這時孩子各方面的發展都比較成熟，表達能力也比較好了。不過更多的情況是夫妻兩人都要重返職場，所以大概在孩子兩歲時就會想把孩子送到學校。也因此，常常會在幼稚園、托兒所門口看到哭哭啼啼不願進去的幼兒。如果自己的孩子到時候也這樣，怎麼辦？

當年我也曾被孩子的分離焦慮困擾過，我想分享自己的例子讓大家明白孩子是如何克服的。但在此之前，我想先提醒的是，面對孩子的分離焦慮，切記不要急著抹除孩子的情緒。在孩子焦慮時，越是催促越會讓他沒有安全感。以送孩子上幼兒園為例，我們可以建立一個幾分鐘的道別儀式，讓他感覺到我們是非常認真地正視他的焦慮。以下是我當初的經驗。

我事先跟幼兒園老師爭取，每天早上會與孩子有個道別儀式，請老師給我們幾分鐘的時間。然後從「同理」→「允許孩子擁有感覺」→「給孩子掌控感」→「象徵式的約定」這幾個步驟，一步步展開這個道別儀式。

1同理。首先，要讓孩子感覺到我們明白他的難過或害怕，所以我們從「同理」出發，告訴他：「等下我們要說再見，因為你要上學，爸爸媽媽也要去工作，我知道你會難過或緊張。」先把孩子的感覺說出來非常重要，面對分離，孩子可能會有難過、害怕、傷心、緊張、生氣、抗拒等感受。從同理心出發，讓孩子能感受到我們知道這對他是困難的。

2允許孩子擁有感覺。我們可以對他說：「你會想念媽媽，想念媽媽時你可以跟老師說，老師會給你一個抱抱。」「媽媽下午一定會來接你，到時候我們可以抱很久。」讓孩子明白「想念」是OK的，他可以擁有這些感覺。

3給孩子掌控感。接下來我們要預告道別，並嘗試給孩子一些掌控感，也就是在真正分開之前我們可以做的事。當年我是跟孩子這麼說的：「等下抱抱後我們會說再見，抱抱的時候你可以數到20，也可以數到50，然後說再見。你想要數到哪一個？」這樣的選擇無傷大雅，但是當孩子做選擇時，心裡就開始有了準備。於是兩人抱著開始數數，數到50後就直接把孩子放下，不要拖泥帶水。但是把孩子放下前，你可以預告你有個東西要拜託他保管，這便是「象徵式的約定」。

4象徵式的約定。以前我會跟孩子這樣說：「媽媽皮包裡有一個很重要的東西，我希望你可以幫我保管。下午我來接你時，你一定要還給我喔！」於是，我慎重的將皮包拿出來，抽出一張自己的名片給孩子拿著。這張「名片」變成我不在她眼前時的憑藉，就好像情人之間的信物——「當我想你時，可以握著手上的東西，我願意相信你一定會回來接我。」

這個儀式是個例子，幫助爸媽去思考，如何在分離過程讓孩子感覺到自己被爸媽銘記在心裡，讓他做好準備跟爸媽說再見。在這過程中記得不要問孩子「等一下跟媽咪 byebye 好不好」之類的話，因為就算他說不好，爸媽還是要離開，這只會讓他更有情緒。

有時候，有分離焦慮的是爸媽自己

有的時候孩子可能在一開始並沒有顯現出任何分離焦慮，爸媽可能覺得「哇！比我想像的順利很多」，但我還是建議接下來幾週要再觀察一下。有的孩子當下沒有表現出來，不見得是沒有分離焦慮，因為我也曾服務過在兩週後才開始做噩夢、半夜起來嚎哭的孩子。

有些易感的媽媽在送孩子去幼兒園時，自己也會有分離焦慮。如果覺得自己有些感傷，記得留時間給自己，去消化「孩子長大了」所帶來的複雜感受。此外，盡量避免讓孩子看到你的表情，因為對幼兒來說，媽媽悲傷的表情像是個危險訊號，而且他無法理解這樣的危險是不是跟他有關，這會讓他更緊張。

不過，關於分離焦慮，更多時候我們要面對的不是這種暫時的傷感，而是對孩子「為什麼不能獨立一點」的期待。在《與孩子的情緒對焦》（*Peaceful Parent, Happy Kids*）這本書裡，蘿拉・馬克罕（Laura Markham）博士提到：「獨立應該是孩子覺得擁有足夠的自信和能力與世界互動，並管理自己的生活。」所以如果期待孩子獨立，我們要畫的重點應該是在「如何幫助孩子有自信和能力與世界互動」，而不是一直把他推開，讓他自己在不安全感裡反覆受折磨，但又因為在意我們、希望成為我們眼中的好孩子而不敢表達。

那麼，爸媽們該如何幫助孩子學習分離，讓他們能夠在分離的過程中充滿安全感又有自信呢？我的建議是：以循序漸進的方式練習分離。例如，在寶寶時期可以多玩躲貓貓。躲貓貓是第一個以遊戲方式幫助寶寶處理分離議題的練習。因為是「玩」，所以他可以表達要不要繼續玩（掌控感），在躲貓貓的過程中雖然看不到爸媽，但是爸媽最後會被找到，雙方總會團聚，所以躲貓貓對分離焦慮來說，是很好的遊戲，讓孩子練習「看不到爸媽，不表示爸媽會不見或自己被爸媽丟掉」。

要上幼兒園之前，也可以開始讓孩子練習跟你分開。舉個我循序漸進讓孩子練習分離的例子：上幼兒園前，我帶孩子去上了一堂繪本課，但是我事先跟老師講好，重點不在於讓孩子聽故事，而是練習跟我分離。於是在老師同意之下，我跟孩子約定，只要她覺得緊張或希望我抱抱她，她可以從教室出來找我，我會緊緊地抱她、安慰她，但是之後她一定要勇敢地再走進教室。不過我們說好了，只要她想，任何時候都可以跑出來。第一堂課，孩子紅著眼眶跑出來十次，十次我們都是緊緊擁抱，然後她自己再勇敢走進去。到了第五堂課，她只跑出來兩次，第六堂課之後，就沒有再跑出來而融入繪本課了。這樣的練習，就是溫尼考特說的：「以孩子可以承受的劑量，循序漸進地增加自己的信心來面對分離。」

幼兒心中有恐懼，別叫他「不要亂想」

幼兒或學齡前的孩子有時候會表現出很強烈的害怕，不管是怕蟲蟲、怕狗、怕影子或怕黑，甚至是怕特定質感的東西，讓大人一頭霧水，無法明白孩子為什麼會這樣。希望接下來分享的內容，可以幫助你更知道如何面對孩子的恐懼。

最近服務了一個快五歲的孩子，媽媽說她害怕晚上睡覺，甚至半夜醒來即使爸媽就睡在旁邊，她還是怕到躺在床上動都不敢動。我們用了一般遊戲治療的方式嘗試理解，孩子表達害怕的是魔鬼，因為這是個基督教家庭。面對孩子的恐懼，不管害怕的是什麼，第一件事就是允許他的恐懼，也認真地承接他的害怕。即使大人覺得可笑或覺得沒什麼，但孩子感覺到的恐懼是非常真實的，別忘了他們還在成長，看世界及理解世界的方式與我們不一樣。

很多爸媽會直接對孩子說：「沒有鬼啦！你想太多了。」或是斥責孩子「不要亂想」，雖然用意是讓孩子不亂想不害怕，但事實上這麼說並沒有太大幫助。所以請允許孩子感覺害怕，我們的聆聽與安慰，都能讓孩子感受到我們在了解他的恐懼。讓孩子知道自己可以害怕，也讓他知道害怕時，我們會在旁邊保護他，跟他一起度過這個威脅。

舉孩子怕蟲蟲的例子來說，我們可以說：「我猜看到蟲蟲的時候，你好怕牠會飛到你身上。媽媽跟你一起想辦法，看怎樣可以讓牠不要過來。」說完後，我們就帶著孩子繞道，或是對孩子說：「我們用衝的離開蟲蟲。」以這樣的行動來教會孩子用策略面對自己的恐懼。是的，孩子需要的是爸媽這樣的回應：「害怕沒關係，爸媽跟你一起想辦法，然後我們一起面對。」

藝人賈靜雯幾年前有段女兒咘咘害怕掃地機器人的影片，現在還在 Youtube 上可以搜尋到。她示範了如何循序漸進地幫助孩子克服恐懼，例如她在咘咘很害怕時，鼓勵咘咘繞過掃地機器人來到自己身邊，還把咘咘喜歡的糖果放在掃地機上，鼓勵咘咘勇敢去拿。我很喜歡賈靜雯在影片表達的，她覺得「孩子可能是因為掃地機器人自己會動來動去，所以就在腦袋裡創造出讓自己恐懼的東西」。在這件事情上，她是個多麼棒的媽媽，願意去思考並嘗試了解孩子行為的原因，也願意認真看待孩子的恐懼，並以循序漸進的方式幫助孩子克服這樣的恐懼。

有的時候，爸媽簡單的帶孩子觀察事實也會有幫助。例如咘咘在影片中說掃地機器人會咬她，或許爸媽可以在掃地機器人工作時碰碰它，讓咘咘觀察機器人是否會咬人。如果孩子怕的是工程車發出很大的聲音，或許我們也可以帶他觀察工程車，解釋工程車正在用力工作，所以才會發出那麼大的聲音。簡單的解釋有時可以讓孩子走出恐懼，開始進入觀察與體驗。

有時爸媽也可以透過自己先經驗，讓孩子觀察「其實這個過程不用害怕」，可能也有幫助。例如很多孩子害怕剪髮，不管他為什麼害怕，也許可以讓他先坐在旁邊看著你被剪，讓他看到過程中沒有任何可怕或受傷的情況，或許能夠幫助孩子放鬆。當然，有時候孩子的確必須去面對自己的害怕，像是看牙醫或打預防針，這些過去曾讓他不愉快的經驗有可能會累積，形成他現在龐大的恐懼。

如果是這樣，我們可以告訴他「的確會痛，但是一下下而已」，也可以行動支持鼓勵他，對他說「爸媽抱著你看牙醫」或「等下看完醫生，我們去做一件你喜歡的事」，幫助孩子度過當下的恐懼。

你或許會好奇，具體的害怕（像剛剛說的害怕蟲蟲、害怕狗）我們可以用上面的策略來幫助孩子，但如果害怕的是抽象的東西呢？就像我剛剛分享的那個怕魔鬼的孩子，該怎麼幫她呢？

前面提過，三歲幼兒可以用象徵性的方式來面對分離焦慮，恐懼也一樣。對於比較小的幼兒，鼓勵他帶著能安撫自己的玩偶，讓他隨時可以抱緊玩偶來感覺不害怕是一個好方法。針對看不到的恐懼，除了安撫物，還可以鼓勵他用象徵性的方式，把恐懼的東西畫出來，再把它塗黑、撕掉，或是讓孩子帶著一個具體的物品感覺被保護。剛剛那個案例，可以讓孩子晚上睡前握著十字架、跟孩子一起禱告，然後讓孩子把十字架放在枕頭下，覺得害怕時可以拿出來握著。

爸媽的保證有時也會有幫助，例如戲劇化地對她說：「只要魔鬼敢來，媽媽就打扁他，我絕對不會讓他傷害你的。」當然，也可以運用繪本故事的角色所體驗到的恐懼，讓孩子明白有時候我們真的會對某些事物感到害怕，但是害怕沒關係，我們一定可以想辦法度過的。

孩子用恐懼，來邀請你更多的陪伴

有時候孩子出現強烈恐懼，或許跟生活上的改變有關。例如妹妹剛出生，大人忙著照顧寶寶，無法像以前一樣陪他，或是媽媽剛換了新職務變得更忙，無法花時間陪伴。彷彿是運用這樣誇大的恐懼，孩子終於可以名正言順地要求爸媽陪伴，霸占爸媽的注意力。不過，孩子並不是在意識層面故意要這麼做，像這樣透過恐懼的過程得到所渴望的關注，或許是潛意識層面的滿足——爸媽終於再度陪伴自己了，這讓我感覺到愛與安全。

所以，當孩子突然出現某種持續不斷的恐懼時，或許爸媽也可以思考一下，自己是不是因為太忙而無法像以前一樣關注孩子。觀察及重新審視孩子與我們的關係，或許對理解孩子的恐懼情緒也有幫助。

一般來說，孩子在爸媽的引導、確保以及一起想辦法面對後，應該都可以慢慢地面對自己的恐懼。不過，如果孩子的恐懼已經影響到日常活動，例如害怕到不敢出門，或是開始擴大害怕範圍（本來怕蟲子，後來連看到其他動物都會怕），這時候爸媽就要求助專業資源，諮詢兒童心智科醫師或兒童心理治療師都是不錯的方式喔！

親子之間的權力搶奪

孩子有自己的想法，也有自己的堅持，很多時候爸媽要求孩子去做的，孩子會不願意配合，這時就很容易陷入親子之間的權力搶奪，爸媽要孩子往東，孩子偏偏說我不要，我要往西。雙方僵持不下時，很容易引爆彼此的情緒，到底要如何面對幼兒的權力搶奪呢？

曾看過一個很可愛的影片，片中有個很會講話的三歲小女孩，爸爸要她吃完早餐把碗放在水槽裡，她就假裝把碗拿起又放下說：「太重了，我拿不動。」賴在地上一直說碗太重很難拿。爸爸沒有發脾氣，好說歹說，最後走到孩子身旁跟她一起拿起這個碗放進水槽，然後小女孩馬上奔回沙發上小聲哭了起來，彷彿是個受盡委屈的小公主。看到這樣的描述，大家一定都猜得到她就是懶得把碗放回水槽吧。

要如何預防像這樣的「寶貝去做 vs 我不要」的權力搶奪呢？首先爸媽要了解，孩子有自己的想法，不管那個想法多好笑，都是他的想法。所以我們要聚焦的是：「我們是兩個不一樣的人，我們有不同的想法，但我們還是很喜歡彼此。」

喜歡彼此能夠預防權力搶奪的發生，爸媽可以做許多事讓孩子喜歡自己，前面幾個章節提到的陪伴與親子一起玩就是很好的方法。平時累積愉快的相處、建立溫暖的情感連結就是最好的預防，孩子會因為愛我們、在乎我們而願意跟我們合作。

當然預防有時候緩不濟急，在那個「去做 vs 不要」的當下，到底該如何處理呢？第一個建議是放手讓孩子試試看。舉剛剛的例子，爸爸聽到孩子說「碗太重」時，並沒有斥責孩子，反而是鼓勵地說：「剛剛你吃東西的時候拿得很好，我覺得你可以試試看。」他放手讓孩子去體驗看看，孩子試著舉起來，但馬上假裝太重又放下。雖然感覺她演很大，但爸爸卻接著又說：「你看，沒有太重啊，你可以舉起來耶，我覺得你可以的。」鼓勵孩子去執行看看他的想法，然後在這個過程尋找可以持續鼓勵的細節。

第二個給大人的建議是維持思考的能力。很多時候大人會進入權力拉扯或與孩子口角，是因為被氣到了，覺得「你是小孩就要聽我的」或「廢話那麼多，鬧什麼鬧，我一定把你壓下去」。這些反應都已經是處在啟動「半個杏仁核」狀態了，爸媽需要盡快拉開與孩子的距離，調整自己的情緒。

我們當然可以很強硬的要求，但這麼做會引發孩子極度強烈的情緒，肯定更不願意配合。強硬「鎮壓」，長遠來說一點幫助都沒有。這麼想好了，從我們自己的經驗出發，如果我們被硬性規定去做一件不想做的事，難道會樂意配合嗎？就算沒辦法非做不可，一定也是抱怨連連，沒有動力。從這個角度來看孩子的立場，是不是就很能理解呢？

當爸媽可以維持思考能力後，接下來就可以定義目標。目標不一定是表面的，也可以是深層的。這是什麼意思呢？拿剛剛的例子來說，表面目標是要孩子把碗放回水槽，訓練她自我負責，但是深層目標卻是希望讓孩子經驗到「為了讓生活順利，偶爾我們必須克服自己不想做的事」，還有一個更深層的目標，則是訓練孩子的挫折容忍力。

所以面對親子間的權力搶奪，有幾件事很重要：

一、**記得培養跟孩子的情感**。「情感連結」是一切問題的答案。對，幼兒們常有無謂的堅持，也容易有不看場合的莫名衝動，但如果親子之間的感情很好，他們會更願意聽我們的話，就如同大人之間如果互相喜歡，彼此會更願意妥協一樣。所以花時間跟孩子玩，參與他們或讓他們來參與我們，都是培養感情很好的方法。

二、**讓孩子試試看**。在時間許可的情況下，讓孩子試試他所堅持的，然後指出行不通或對他有不好影響的部分。以上面的例子，如果小女孩不把碗拿去放，就讓她看到你不會幫她收拾，也不會幫她洗，下一餐就沒有碗可以用。幼兒很需要從經驗中學習，所以讓他們在操作中體驗到問題，也是一個很棒的學習。

三、**選擇我們認為重要、需要堅持的事**。如果跟孩子一天到晚陷入權力搶奪，孩子就會產生「爸媽不喜歡我」的感覺，自然不會有意願跟我們合作。如果你跟孩子經常彼此拉扯，我會建議選擇比較重要的事進行規範和堅持，之前有提過重要性的排序要以「安全」和「健康」為優先。選擇重要的議題，其他小事可以稍稍放手，讓孩子在經驗中學習。先慢慢調整好親子關係，讓一直扣分的狀況緩和下來是很重要的。

四、**好好說話，定義問題**。幼兒是衝動的，如果我們也跟著衝動，雙方情緒就會打架了。僵持不下的時候，尤其是跟比較大的三歲孩子，我們可以摘要一下問題。例如「爸爸要你馬上把碗放進水槽，但你現在不願意」，定義問題要簡潔，確保孩子聽得懂，然後進一步引導她：「你現在不願意，但爸爸說一定要，可以怎麼辦？」接著提供方法：「你可以請爸爸幫忙，爸爸會站在水槽前幫你」，或者「你可以唱一首歌，等唱完後再收，這樣就不是馬上了」。或是問問孩子可以怎麼解決這個問題。

五、**運用想像力或幽默好玩的方式來緩解緊繃感**。大人突然裝傻說：「我不知道有哪個三歲的小朋友是大力士可以舉起碗耶？你知道嗎？」或假裝是那個碗在說話：「我全身黏黏又髒兮兮的，好不舒服喔，請幫我洗澡啦，好不好嘛！」如果孩子僵在門口不願意上車，或許可以這樣說：「今天車車是外星國，我們來走不同的路去外星國。」（然後彎彎曲曲地走假裝碰到沙發，說「喔，這樣走不對」，然後請孩子帶你走。）用想像力或幽默好玩的方式來應對三歲的幼兒，會有很大的幫助喔！

六、認真回應孩子所堅持的想法。關於幼兒教養，很多時候解決問題的方式是「這個不可以，但是什麼可以」、「現在不行，但什麼時候行」。如果孩子在臨出門時堅持玩積木，不願意配合出門，當下可以先認真地回應他的堅持，比如提出一些建議，讓孩子知道你會記得並願意給他機會做他想做的，像是：「媽媽很抱歉你現在不能玩，因為你要陪媽媽出門。但我知道你很想玩，我們來挑一個幸運積木陪你出門，或者，我們看是要把積木放在哪裡，這樣等一下回家我們馬上就可以玩了。」小小孩的渴望如果被認真對待，他們會比較願意配合做當下被要求做的事。

七、記得感謝與讚美。當孩子願意配合時，我通常都會表達感謝：「謝謝你願意合作，讓媽媽順利辦完事，媽媽好喜歡你這麼有耐心。」表達感謝讓他們學到，按捺住自己的渴望去體貼別人是多麼棒的一件事。爸媽的讚美或親親抱抱，會讓孩子感覺自己的配合是值得的，自己原來可以這樣做，自己是個很棒的孩子，當然下一次的配合度就更高了！

權力搶奪在兩三歲的年紀是很常見的，這是因為孩子正來到「追求自主」的心理發展階段。

希望這裡分享的七個方法，可以幫助爸媽順利度過權力搶奪的幼兒期。

男寶女寶帶養大不同？

有人說生女孩比較幸運，因為女孩氣質溫順比較好帶。生到男孩不但活潑好動，讓爸媽活動量跟著提高，好像連破壞的力道也不一樣。生男生女是不是真的大不同？男寶寶真的比較難帶嗎？科學已經發現男寶寶與女寶寶的確在某些發展上速度不一樣，性別的不同到底會帶給爸媽什麼不同的挑戰呢？

一般人對女寶寶的印象是比較會說話、容易有同情心，認知與語言的發展比較快；對男寶寶的印象則是觀察與操作能力較強，比起女寶寶有較高的攻擊性或破壞力，語言發展比較慢。如果你正在好奇到底男生跟女生的教養有什麼不一樣，這表示你希望自己更理解孩子，能夠選擇對孩子有幫助的教養方式。

在男女生帶養上差別最明顯的幾件事，包括學會說話的時間點及大小便訓練。舉大小便的訓練為例，因為生理成熟度不同，女生通常會比男生早開始訓練，大約是在兩歲到兩歲半之間，男生大概會晚個半年左右。關於大小便的訓練可以參照我的第一本書《愛上當爸媽這件事》。

所以關於男生與女生的帶養，科學研究是怎麼說的呢？有研究指出，因為睪丸激素的作用，男寶比女寶容易有好動或攻擊行為等問題。在二〇〇〇年英國康橋大學有個著名的研究「眼神注視」，比較了新生男嬰與女嬰的反應。他們分別用一個女實驗者的臉，以及一個跟她的臉形狀與色調都相似的物體，來讓新生兒注視，結果發現有四成以上的男嬰喜歡注視物體，而將近四成的女嬰喜歡注視人臉。這個研究影響了世人對於「女生在社交情緒發展上占有高度優勢」的想法，不過該研究也引來一些批判，像是參與實驗者會不會在實驗前已經先有這樣的假設，影響了實驗過程中的操作。

也有研究發現，在媽媽子宮裡時，男嬰和女嬰的活動量並沒有什麼不同，但是三歲以後，男生與女生的活動力卻開始有顯著差別。另一個研究則是發現，當爸媽跟寶寶說話時，就算男寶寶的反應與女寶寶一樣多，爸媽還是會對女寶寶說較多的話。我們知道多跟寶寶說話，有利於寶寶的大腦、語言及情感的發展。基本上，在眼神相互注視的時刻，就是雙方腦波在同步的時刻。

臨床心理學家西蒙・拜倫—科恩（Simon Baron-Cohen）在長達二十年的研究後，寫了一本書《本質上的差異：男女大腦的真相》（*The Essential Difference: The Truth About the Male and Female Brain*），他認為女生的大腦比較能夠同理他人，男生的大腦比較可以系統化的解決問題與預測結果。不過，這本書最重要的不是這個結論，而是希望爸媽能著重在每個孩子的獨特性，因為即使是同性別，寶寶大腦的先天傾向還是有可能不一樣。

綜合研究男寶與女寶的資訊，我們得到的結論是，先天的差異一定是有的，畢竟每個人的基因或內分泌都會帶來不一樣的影響。不過，我個人很喜歡科恩在書中的提醒，他希望爸媽能看到孩子的獨特性，而不要被傳統的性別印象給局限住。如果因為兒子難帶，就歸因於是受到性別的影響，很容易會讓我們忘記要反思，只把問題指向孩子身上，也可能會因為我們這樣的想法而影響了親子互動的方式。你知道嗎？一旦有了成見，我們對孩子的容忍度也會降低，動不動就會覺得「他就是這樣，他又來了」。當我們表露出這樣的態度時，孩子會感到跟我們的連結消失了，可能更用力地想得到我們的注意力，讓我們覺得更煩躁，於是就陷入了負面的循環模式。

如果你的孩子活動量大、適應度很低、堅持度很高……

神經科學教授麗絲・艾略特（Lise Eliot）在其著作《粉大腦，藍大腦》（*Pink Brain, Blue Brain*）中，提到了「神經可塑性」的概念，她提醒爸媽孩子的大腦一直在生長，即便已經存在生理或基因的差異，但是後天互動所提供的經驗會形塑孩子的大腦生長，進而影響他的外顯行為。

台灣的研究則指出，如果孩子的活動量大、適應度很低，但是堅持度很高，最容易讓爸媽抓狂。

讓我們來觀察一下孩子。活動量大的孩子電力充足、停不下來，這樣的孩子要如何帶養才會有幫助呢？活動量大，第一件事就是要注意孩子的安全，也要記得每天讓他有發洩精力的機會。例如，午覺後帶他去公園玩，如果附近沒有公園或不想帶孩子出門，也可以安排一個唱唱跳跳的時間，或是運用家裡的空間或物件（例如在公寓走廊放幾個間隔開的寶特瓶，讓他練習S型小跑步，或在地墊上放些坐墊，讓他在不同坐墊中滾來滾去），鼓勵孩子以大肢體動作來宣洩精力，到了晚上可以安排比較靜態的活動，例如玩樂高、玩黏土、畫畫、玩家家酒或讀故事書。

前面提過適應度低的孩子，也很容易讓大人感到崩潰。適應度低的意思是不容易接受改變，對孩子來說，無法接受停下正在做的事來配合大人，就是適應度低。這樣的孩子在帶養上可以提早讓他做準備，最好的做法是讓他參與接下來的改變過程，例如用好玩的口吻跟他說：「等下你要陪媽媽出門，我們來看看今天是紅色外套可以陪你，還是藍色外套可以陪你出去玩。」當下或許覺得這樣提早預備會花很多時間，但比起突然要他出門而他鬼哭神號不願配合，最後搞得天怒人怨，前面拉長時間的做法還是很有幫助的。

堅持度高的孩子又是什麼狀況呢？就是我們平常會用「固執」來形容的孩子，例如一定要照他的方式擺積木、一定要使用米奇的杯子、一定要穿綠色的衣服等等。其實，幼兒因為追求自主，會希望能夠自行實驗或執行自己的想法，所以有滿高比例的幼兒在大人看來堅持度都滿高的。最糟的是，以大人的角度來看會覺得孩子的堅持都很無謂，但孩子又非常堅持，於是感到挫折的大人就跟孩子陷入了「大人說聽我的，小孩說我不要」的權力搶奪戰。

幼兒跟爸媽的權力搶奪不但會引發爸媽的怒火，也會造成孩子情緒崩潰，最後導致雙方都筋疲力盡，所以遇到堅持度高的孩子應該怎麼辦呢？首先，不要馬上就覺得不耐煩，提醒自己或許這只是幼兒發展階段的表現。當然，光靠包容無法處理眼前的拉鋸，最好的方式就是提供選項讓孩子自己選。這麼做的話，堅持度高的孩子通常會很願意執行，因為這是他自己的選擇。

當然聰明的爸媽可以給孩子兩個無傷大雅的選項，兩個不會太多，如果孩子古靈精怪都不選，你的選項也會激發他想出第三個相關的選項。給他無傷大雅的選項，意思就是不管他選哪一個都無妨，例如「是穿大象布鞋或發亮鞋」這樣的選項。我自己在帶養過程中發現，雖然幼兒期堅持度高的孩子帶起來有些辛苦，但是這樣的孩子長大後在做決定時，不管多辛苦都會努力去完成。小時候的堅持會轉換成面對挫折的毅力，成為幫助他們成功的動力。

所以爸媽要記得學著欣賞孩子的獨特，不要只聚焦在孩子莫名的堅持讓自己很辛苦。結論就是，關於男寶和女寶的帶養，首重對孩子氣質與性格的觀察，因為自己的孩子是獨一無二的，自己也是獨一無二的。

生活常規從起床與面對他人開始

六歲以下孩子的帶養，最重要的一點，就是建立生活的常規，我指的是讓孩子建立可以預期的穩定生活。很多人因為孩子晚睡，自己又希望留點放鬆時間，導致全家都晚睡，結果就是一早大人小孩晚起得趕時間，沒睡飽的孩子起床就鬧脾氣，大人在緊繃的時間下無法從容安撫孩子就容易發飆，全家鬧得雞飛狗跳，影響接下來一整天的心情。所以有足夠的睡眠對家裡每一個人都很重要，我們就從起床這件事談起。

一、**叫孩子起床時，讓他感受到愛**

要能溫和的叫孩子起床，前提就是自己要有足夠的休息。如果爸媽有充分睡眠、可以早點醒來，叫孩子時就有可能溫柔一點。我喜歡摸摸孩子的頭髮輕輕地叫她們起床，也喜歡親親她們的臉頰跟她們說早安寶貝。如果睡覺對孩子來說是跟我們分離了，當然醒過來就是與我們重聚，相聚時刻應該雙方都是歡喜的。

不過，總是這麼溫柔當然不可能，因為我們也有自己的狀態。我會偵測自己的狀態，如果當天狀況不是很好，我會採用「來來回回」的方式提早叫她們，因為這個方法需要更多的時間。溫柔叫她們，親一下，然後離開去做其他的事，再回來溫柔提醒。這樣的「來來回回」，讓我不至於在孩子叫不起來時累積挫折而感覺崩潰，另一方面也給孩子清醒的時間與機會。

二、安撫寶貝的起床氣

起床時情緒不太好，其實大人小孩都一樣，會想賴床，例如天氣冷想多睡一會，或是感覺特別累、還想再睡。一旦遇到爸媽要上班或有排定的事要做，無法讓寶貝多睡一會，可能就會一直催孩子。沒有人喜歡被強迫或催促，大家都喜歡照自己的節奏來做事，所以無可避免的孩子就會有情緒。

這時候要安撫寶貝的情緒，最重要的就是先讓自己的情緒保持平穩。如果因為孩子起床哭鬧，一早就讓你感覺崩潰，或許暫時先不要急著安撫他，可以試著拉開距離讓自己先穩住，再告訴孩子你會在旁邊陪伴他，等他好過一點、願意被抱抱，你再抱他。

我們不用要求孩子恢復到開心的狀態，只要他從崩潰中稍微平靜下來，即使仍有些氣嘟嘟或不理人也沒關係。允許孩子需要點時間消化自己的情緒，只要他可以開始動作，我們就可以繼續下一個生活步驟。當然，如果經常發生這樣的情況，夠好的爸媽會開始思考，孩子的情緒是否表示他睡得不夠，需要有更多的睡眠時間。這時或許可以考慮調整晚上的睡覺時間，讓孩子早點睡。

三、寶貝不應答或不說話

當長輩來探望孩子時，很多爸媽會面臨到寶貝害羞的情況。一早起來，長輩在家看到孩子很熱情的打招呼，但孩子卻不理、不回應，讓爸媽覺得好尷尬。我們的文化通常都會期待孩子要大方有禮貌，尤其面對長輩時。所以當寶貝超級害羞不願意開口打招呼時，爸媽有時候就會覺得很不好意思。我自己也有這樣的孩子，跟家人在一起時很活潑，但在外人面前就變得非常內向安靜。

如果你的幼兒也是這樣，真的不需要太緊張，孩子本來就有他們先天的氣質。關於打招呼這件事，如果是一早就這樣，我可能會幫兩邊緩頰。我會告訴孩子：「阿公阿嬤因為看到你起床很高興，所以跟你打招呼，我們要回答喔。」同時我也會替孩子翻譯她的不理人：「阿公阿嬤，亮亮因為剛起床還在慢慢清醒，給她一點時間就會好一點。」

如果是回長輩家，我的做法是先讓孩子有心理準備。我會跟她說，我知道這件事有點難，但我會跟她一起向長輩或外人打招呼，讓她知道爸媽理解這件事對她是挑戰，但我們會一起面對。

我們也可以用玩偶的方式將孩子的緊張演出來，或教她一些表達情緒的方法。例如，佩佩豬好害羞好緊張，她遇到派大星時都沒辦法說 Hello 。也許佩佩豬可以緊握著媽媽的手，讓媽媽知道她很緊張，媽媽就會跟她一起打招呼喔！

我在摸索如何帶養內向安靜孩子的過程中，學到最重要的事就是，不要因為受挫而一直催促孩子，因為催促只會讓他更緊張，更無法開口，同時也會讓孩子感覺到爸媽不喜歡自己，以為爸媽會對他不滿意或生氣。通常這樣的孩子會喜歡有自己的時間和空間，所以有時候不需要過度分享太多的鼓勵，淡然面對反而對他們才是有幫助的。

過了很久後我才明白，我的內向孩子是因為對環境的刺激很敏銳，所以在新環境裡需要更多的時間去消化和理解。但也是因為這樣的敏銳，她的觀察力很細微，做事情也很細心。所以，不要因為孩子的氣質與自己期待的不符就覺得氣餒喔，就算是內向安靜的孩子，一定也有他的優點，等著你在每天的互動裡去發現呢！

吃飯皇帝大還是寶寶大？

一、孩子不想吃早餐，怎麼辦？

處理完起床氣，刷完牙洗完臉，心想接下來就是吃點東西了。你認真的準備了煎蛋，吐司上的起司也烤好融化了，蘋果也削好了……，但孩子坐上餐桌看了一眼，就皺眉頭說不要吃，更過分的是，有時候他看都不看，直接宣布「我不想吃早餐」。面對這樣的情況，到底該怎麼辦呢？

這種時候，可以想想自己是否偶爾也會有不想吃早餐的感覺，從自己的經驗去想孩子，比較不會讓我們抓狂。然後鼓勵孩子至少喝個牛奶，跟他說睡了一整晚，或許現在不覺得餓，不過身體的細胞很需要營養和水分，而且等一下玩的時候還需要力氣，所以先給身體一點牛奶。看看孩子的接受度如何。

另一個方法是，在一定的時間內，開放讓孩子自己安排吃這些東西的順序。有時候當孩子可以自己做決定時，配合大人的意願會更高，尤其是個性比較堅持的孩子。不要太干預孩子想怎麼吃，也不要急著催促孩子吃完。吃飯時的情緒很重要，鬼哭神號的吃飯任何人都會消化不良。

二、給孩子三十到四十分鐘的吃飯時間

不過，這不表示大人都要順著孩子，王子公主要什麼就給什麼。相反的，吃飯就是生活常規之一，可以給孩子半個小時到四十分鐘的時間，若他已經不再繼續進食，就讓他離開餐桌。此時有可能的情況是，如果孩子沒吃多少，有些家長常會因為擔心孩子肚子餓，隔沒多久就拿出點心餵他，結果形成了惡性循環——到了下一餐正餐時間孩子還是不餓，也吃不下。

當然，我們都不希望家長嚴格到「你現在不吃就只能等下一餐」，但如果爸媽因為孩子瘦小而感到焦慮，在正餐吃不多的情況下動不動就給他吃點心，這樣做的確無法幫助孩子在正餐時間攝取足夠的營養。所以我們可以考慮取個中間值，像是幼兒園一般會在早上十點左右給個小點心，通常量都不多，或是像綠豆湯這樣湯湯水水的點心，這樣到了正餐時間，孩子還是會因為感覺餓而願意多吃一點。

三、讓孩子對自己的飢餓負責

其實，就算是兩三歲的孩子，也可以鬆手讓他為吃飯這件事負責。那麼，到底兩三歲的孩子

要如何負責呢？他要負責感受到自己肚子餓，要負責把自己的需求讓大人知道，在大人準備好食物時，他可以自己吃，也願意吃不同的食物。這就是我們希望孩子培養的「負責」。吃東西應該是個愉悅的過程，我們感覺到肚子餓，認識自己吃的東西並感覺到被滋養，在吃到好吃的東西時會感覺幸福。孩子也是如此。如果大人能夠不焦慮，讓孩子去感受自己肚子餓，讓他們試著去表達，鼓勵他們自己進食，這就能激發他們正需要發展的「自主」。

吃飯大哉問，有的時候孩子不是不吃，而是挑食。有時候，爸媽因為很生氣就會說：「我覺得我的孩子就是懶惰，他都只挑軟的東西吃，像肉那種需要咬的他都不喜歡。」從事嬰幼兒的工作久了，我必須說，對幼兒來說，吃飯這件事可能跟大人真的很不一樣，因為他們體驗世界的方式本來就跟大人不同。對我們來說，照三餐吃飯是天經地義的事，想都不用想就可以去做，但對幼兒來說，比起吃飯，更重要的是玩跟探索世界，所以有時候不餓就不會想吃，或者只吃到不餓就停下不吃了。

四、寶寶挑食怎麼辦？

跟小孩比起來，大人好像很少有挑食的情況，其實那是因為大人通常可以決定自己想吃什麼，而小孩比較多是被強迫的：時間被規定，吃的東西也不能自己選，甚至吃的量也會被要求，所以當然比較容易不配合。

那些只挑軟流質食物的孩子，有可能是比較習慣那樣的口感，或口腔肌肉還需練習咀嚼，又或許還在適應舌頭如何攪拌。爸媽如果對孩子挑食感到煩惱，也許可以多觀察，試著了解可能的原因。例如口腔肌肉比較沒有力，通常孩子說話也會稍微慢一點。有疑慮的話可以跟醫師討論，或做一些發展上的評估也會有幫助。如果的確是生理上的問題，可以慢慢增加有嚼感食物的比例，並在孩子願意吃的時候給予溫暖的回饋，增加孩子享受成功經驗的滿足感，對於接下來的動機培養也會很有幫助。

五、喜歡把飯含在嘴裡，為什麼？

還有另一種情況也讓大人感到苦惱，就是孩子會把飯含在嘴裡不肯吞下，一頓飯下來常讓大人餵到懷疑人生。為什麼會這樣呢？其實這樣的孩子有可能是在某次餵食過程中，發現嘴巴裡還有東西時大人會等待，所以覺得可以用含飯的方式來影響大人餵飯的速度與多寡。

所以，含飯有可能是發現嘴巴裡有飯就不會再被餵一口？或是因為孩子已經不是很想吃了？我有個朋友跟我說過，他小時候含飯是因為很喜歡嚼碎的食物在嘴裡那種圓滑飽滿的感覺。想不到吧？居然也有這樣的原因。我想小小的他一定沒辦法向爸媽描述這種感覺，也可以想像這樣的行為讓當時餵飯的爸媽多麼困擾。

如果我們願意對孩子的行為保持好奇，想像他們行為背後的可能原因，就可以幫助我們更有耐心、更願意了解孩子。當然大人嘗試了解自己在這個問題上的焦慮也很重要，因為有時候大人的情緒來自於自己的期待。

餵食不順利很容易演變成大人小孩兩邊的拉扯，如果含飯的原因如前所述，是孩子以行動向大人表達自己不想被強迫或被控制，想透過含飯拿回掌控權的話，我覺得不妨讓小孩有更多的掌控感，例如開始讓他自己吃飯，開始放手讓他自己掌控吃的速度，盡量不催促，不追著強迫餵食，或許含飯的狀況就會減少。

讓孩子主動探索食物

有時候為了讓孩子乖乖配合，爸媽會讓孩子吃飯配卡通，這樣孩子忙著看卡通的時候，爸媽就可以順利的餵食。我想，如果那天爸媽是真的很累了，沒關係就先這樣吧！

不過我要說，食物跟我們是一輩子的關係。越早讓孩子主動參與吃飯這件事，越能夠允許孩子與自己吃的食物互動。在美國，一般都是一歲左右就會開始讓孩子嘗試拿安全湯匙，在碗裡放很少的食物，然後在爸媽的監督下讓孩子試著自己吃東西。反觀我們的文化，兩三歲的幼兒還在讓大人餵飯的為數不少，因為大人覺得直接餵比較能保持乾淨，也比較能掌控孩子吃的量，但事實上這麼做卻減少了孩子與食物互動的經驗，有點可惜。

吃飯氣氛緊張，很多時候是因為大人必須等孩子，等到都失去了耐心（這可以理解，因為一天有三餐，每餐都這樣真的很讓人抓狂）。所以或許真的可以稍稍鬆手，讓孩子自己去體驗食物。

在此我想分享幾個建議：

1你可以看當下的狀況，如果感覺自己很累，這餐就先用餵的，無須急著訓練孩子。

2如果當天精神還可以，或是有時間放手嘗試，記得黃金準則永遠是「少量、循序漸進」。準備好塑膠碗和湯匙，先給少量食物，孩子想用湯匙或用手都沒關係，重要的是讓孩子自由體驗食物：聞一聞、舔一舔、捏一捏，再放到嘴裡。別擔心餐桌禮儀，這只是幼兒發展的一小階段，你放手讓他體驗食物，不會讓他變成不會用餐具的野蠻人。

3吃飯時，最重要的是情緒。不管是協助孩子自己進食，或反過來邀請孩子試著餵爸媽，在這過程中大人放鬆下來，小孩也會跟著放鬆，這樣吃進去的食物也能在平穩的情緒下好好被消化吸收，幫助孩子成長。

「能夠感覺肚子餓了並表達」、「聞到食物好香好期待」、「吃飯時可以細細品嘗，感覺食物的天然味道」、「喜歡吃東西」、「跟爸爸媽媽一起吃東西時好開心」、「吃飽了自然會停下來」，擁有這些經驗的孩子，在成長的過程中就能夠與食物有很健康的互動。

幫助孩子跟上班的另一半分離

如果是自己帶孩子，起床吃完飯後，接下來就是整天的陪伴；如果是將孩子交給托育園所，面對的就是分離。所以接下來我想談的是分離焦慮、陪伴以及玩這三件事，希望這些分享可以幫助爸媽更安穩地回應孩子的需求。

前面曾跟大家分享過如何看待寶貝的分離焦慮，也解釋了在一歲半到兩歲之間，孩子因為發現自己的發展能力沒有想像中的強大，所以會感覺時時刻刻都需要看到照顧者。提醒爸媽在分離的過程中，可以給孩子兩個選擇（讓他擁有掌控感）、好好道別，甚至在分離前可以先講定重聚時要一起做的活動，或是給孩子一個象徵物，讓他在感覺沒安全感時有個憑藉，這些都是有幫助的做法。

雖說幼兒已經跟嬰兒不一樣了，他們還是會有分離焦慮，尤其會在要跟爸媽說再見時哭鬧，不願見到爸爸或媽媽離開。所以我們來談談他們怎麼了，以及如何安撫二至三歲寶寶的分離焦慮。

首先我要來談談，有時孩子的分離焦慮會表現在不讓心愛的爸爸或媽媽去上班。當然要上班的那位還是必須離開，所以承受苦果的就是留下來帶孩子的那位。當孩子因為爸媽上班說再見而哭鬧時，要記得提醒自己，那是因為孩子對我們很有感情，不想失去我們，所以才會哭鬧。在這邊我想要分享的是，孩子在這樣的焦慮感受裡，需要大人認真對待他的失落感。

如果時間允許，或許可以好好道別，也可以邀請孩子選好一個玩具，承諾傍晚回家洗了手、換好衣服就跟他玩。當然，如果跟孩子有約定就要遵守諾言。我曾遇個一位很可愛的家長，他在跟孩子約定時會請太太錄下來，當孩子隔一會想到又番起來時，就播放這段錄音給他聽，順便提醒孩子除了他選的玩具以外，還有沒有要跟爸爸分享什麼。例如，媽媽會建議孩子畫張畫送給爸爸等等，讓寶貝理解對爸媽的想念會帶來情緒，不過這樣的情緒會被接受，而且這樣的情緒也會離開。更重要的是他可以為這個失落或是想念的感覺做些什麼，讓他更有掌控感。

承接孩子的情緒，允許他可以想念離家去上班的爸爸或媽媽。別擔心，這樣的情況不會維持太久，只要有個常規，讓孩子理解離開的爸爸或媽媽一定會回家，這樣的分離焦慮就會好很多。

陪孩子玩什麼？一起做家務！

跟孩子一起在家時，要如何陪伴呢？兩三歲的孩子還無法自己單獨玩很久，如果他對遊戲或玩具很專注、很有興趣，有可能自己玩上二十分鐘，但是，如果希望一吃完早餐，孩子就可以自己玩個兩小時，這大概不可能（如果有，你可能要擔心孩子不知在實驗什麼，或孩子的發展可能有點狀況）。因為幼兒還是很需要跟大人在一起，這個在一起，並不是完全黏在一起，而是待在附近提供足夠的安全感，讓他們可以安全、專注的探索。除了安全感之外，更重要的是，當孩子在探索過程中需要跟爸媽 check in、得到爸媽注意力時，可以馬上靠近爸媽。

當然，兩歲以下的孩子能夠自己玩的時間更短，因為更小的孩子會需要大人給予更多的協助。所以如果只有媽媽一個人主帶，可能會覺得一整天下來，時間都不知去哪了，因為孩子的需求經常會把一天的時間切割得很零碎，這也是帶小孩的辛苦之一。

回想自己跟孩子在家的那幾年，好像很多時間都花在「陪孩子玩」。孩子會提議一起玩許多需要想像的遊戲，例如兩歲多時，她們喜歡假裝成動物，會想像自己是小象，要我當大象，所以我們會一起在地上爬。

「陪孩子」還可以包括一起做家事，這也意味著不只是我陪她們玩玩具，她們也會陪我做我原本計畫做的家事。例如，我記得那時候我們很常玩擦地板，並不是我特別愛乾淨，而是我們把擦地板變成遊戲。當年我們家擦地板是把抹布放在地上，腳踩在抹布上擦，於是我就給兩個寶貝一人一塊抹布，用腳踩著，然後一起玩溜冰遊戲，從這邊溜到那邊，大家都覺得開心極了。

我們也一起摺衣服。她們還小的時候，孩子會跟我一起坐在大床上，我們會邊摺衣服邊玩躲貓貓，等大一點了，我教她們慢慢摺自己的小衣服小褲子，看看摺起來的形狀會不會像哪種動物，然後笑成一團。自己帶孩子的好處是不會被時間壓迫，大人小孩心情都能放輕鬆，即使是做家事也是慢慢來。一起做家事也是種陪伴，對孩子來說，「陪伴」就是可以跟爸媽在一起，共同參與某件事。

從生活經驗出發，陪孩子玩假扮遊戲

如果你是很有企圖心的爸媽，希望能透過玩遊戲讓孩子變聰明，那我的建議是多跟寶貝玩假扮遊戲（扮家家酒）。假扮遊戲，聽起來好像很簡單，但其中的學問可大了。透過遊戲，兩三歲的孩子會整合自己對世界、對人事物的理解，在假扮的過程中演出自己對許多事物的觀念，同時他們還必須創造與連結各個不同概念，並讓它們以一個有邏輯的方式呈現出來，好讓別人了解，所以假扮遊戲不只是我們想的「玩」而已。尤其對兩到三歲的孩子來說，語言能力終於突飛猛進，進入假扮，用肢體動作或語言來表達自己的感知就更容易了。

除了認知上的進步，假扮遊戲還有一個很大的貢獻，就是幫助孩子調節情緒。幼兒的生活中，充滿了自己很想嘗試卻不見得大人會允許的挫折，但是這一切在假扮的過程中都可以被接受——他手上的恐龍可以去攻擊其他玩具，變得很強大；他假扮的佩佩豬在遊戲裡一直愛哭也沒關係！假扮遊戲給了孩子一個自由的空間，在現實裡不見得會被爸媽接受的強烈情緒，都可以在遊戲中被包容。

除了調節情緒，假扮遊戲還提供了一種心理補償：藉由在假裝過程中扮演不同的角色，孩子得以進行在現實生活不可能做到的事。例如扮演老師時，可以處罰沒有乖乖坐好的娃娃，原本都是自己被大人要求乖乖坐好，但在假扮的過程中，寶貝進入了有權力的角色。當他模仿大人用命令口氣跟娃娃說話時，在心理上他獲得了一個補償。所以多玩假扮遊戲，對孩子是很有幫助的。

那麼要怎麼玩，才能讓孩子既擁有認知上的學習與刺激，又可以獲得情緒調節和心理健康的補償呢？

我們大人太久沒有玩了，有時候會感覺很難，或玩沒兩下就變成在教小孩，讓孩子失去興致。建議爸媽可以先加入遊戲中的孩子，因為孩子本來手上就有玩具，這可幫助爸媽與孩子開始互動。如果孩子拿著車子，我們可以拿積木建停車場，讓他的車子開進來；如果他抱著小狗玩偶，我們可以拿小貓跟他對話，一起去拜訪小猴子。

在發展心理學中，我們發現來來回回的互動，真的可以讓孩子變聰明。想像一下，你說了句話或做了個動作，孩子的腦袋必須解碼試著理解，然後組織想法或計畫來回應，這一來一回都是滿滿的思考與執行，所以在互動中會越玩越聰明是真的。

如果爸媽覺得自己沒什麼想像力沒關係，其實就把自己日常會遇到的生活經驗融入遊戲裡，就有足夠的變化了。孩子玩家家酒煮了一鍋豆子，你可以說加些鹽、加點胡椒，加胡椒時打個噴嚏，順便說不能噴到豆子，然後跟孩子討論要找哪些玩偶來吃，再問為什麼要找這個不找那個……，這樣的遊戲有許多豐富的細節，就是很棒的文化刺激。

不過要提醒爸媽的是，剛剛舉的例子是三歲以上的玩法，前提是孩子要能夠用語言表達，我們才有可能在玩的過程中討論並讓他回答問題。一兩歲的孩子還在發展動作或語言能力，一定是玩幾個步驟就會中斷。這時孩子的認知還沒發展成熟到可以連貫邏輯，讓遊戲可以接續下去，所以如果沒玩幾下就中斷也沒關係，就看看孩子還想玩什麼再次加入他。

帶寶寶去餐廳用餐須知

當爸媽的人都知道，帶孩子出門有時需要勇氣，不管是要帶一堆東西，或安撫孩子的情緒，甚至是滿足孩子常規的需求等等，都是大工程。到底帶孩子出門需要留意什麼呢？希望以下的分享，能幫助爸媽安心的帶孩子出門。

一般來說，爸媽最怕孩子「拗」或「不配合」，有時甚至在出門前就已經開始了。孩子情緒的爆點很常在轉換活動時發生，也就是從一個活動要換到另一個活動時，例如孩子原本在玩，但你要帶他出門，這個時候他很容易產生抗拒或突然爆發情緒。

其實這很能理解，因為想出門是爸媽的需求，而孩子想要的是「繼續玩」，所以如果必須帶孩子出門，爸媽不妨從寶貝的角度出發，預先設想如何讓他們願意配合，同時也先想好當大人在忙自己的事時，可以安排孩子做哪些他們會覺得有趣的事，讓他們也有得忙，不致太無聊。

記得疫情前有一次去一家吃到飽的高檔餐廳，隔壁桌坐著一家三口，孩子看起來兩歲左右。

這位媽媽拿了滿滿一大盤的蝦子，正想好好享用之際，一旁的孩子顯然已經吃完覺得無聊了，開始玩起湯匙和紙巾，邊玩還頻頻掉到桌子底下。爸爸媽媽一開始還幫忙撿，到後來媽媽生氣了開始罵他：「我們吃個飯，你就不能乖乖坐好嗎？」我在一旁邊觀察邊想，如果這個孩子會回答，可能會說：「爸媽，真的滿無聊的啊！我已經吃飽了，又沒有玩具，不知道要做什麼。」

說真的，有幼兒的爸媽都知道，能照自己的速度好好吃頓飯有多不容易。在這樣的情況下，我可以理解爸媽所感覺到的煩躁與挫折，但也可以體會到孩子的無聊。到底該怎麼辦呢？

其實在出門前，爸媽可以讓孩子選兩三個玩具帶著，因為通常只要是寶貝醒著的時間，他們都會不停的想要互動與探索，所以帶上自己的玩具，就可以隨時運用想像力來玩。舉上面的例子，或許爸媽可以跟他玩「假裝你是爸爸，餵狗狗吃飯」，然後加上想像力來跟孩子互動——你當爸爸，吃一口剝好的蝦，然後推薦狗狗也吃一隻？在這過程中開始與他天馬行空的編故事。

孩子跟大人很不一樣，大人除了吃飯還會聊天，吃飯某種程度也算是大人的社交活動。但對孩子來說，最重要的事是玩與探索，大部分時間只要吃到覺得不餓了，他們就會急著要下桌去玩耍。建議爸媽在進餐廳時，如果可以，選擇角落的位置，讓孩子們吃飽可以下來玩一下，或是當孩子坐不住了，爸媽可以輪流帶寶貝走動一下東看看西看看，都會很有幫助。我記得以前孩子小的時候，自己跟先生幾乎是輪流吃飯，好騰出人手帶孩子去走走看看。

在活動的轉換過程，我們可以預想孩子想玩的需求，因著這些可能性來做準備——不管是給他一對一的注意力，或是事先幫他帶玩具或安排活動，都會很有幫助。看到這裡，一定有爸媽會有疑問：「這樣不是一直順著孩子嗎？他們不是應該學習餐桌禮儀嗎？」

帶寶寶出門參加活動，要留意的是……

對於一兩歲的幼兒，我們先不用太擔心禮儀這件事。他們還在練習自己剛獲得的能力，也無法真的乖乖地被我們規定，因為他們內建的發展正專注在自主探索與對世界的好奇上頭，所以當我們規定他們乖乖坐好時，孩子一定會因為發展的本能而反抗，更不用說要他們理解大人的觀點或邏輯，這些對他們來說都太難了。其實在帶養幼兒時，我們會發現，當孩子感受到我們願意同理他的經驗、記得他的需求，就會更願意與我們合作、配合我們。而在配合的過程中，如果我們對孩子表達高興與認同，他因為在意我們，就會開始把配合內化到他的生命經驗中。

所以，很多時候教孩子不是用強硬的手段，強迫灌輸我們的價值觀，而是在跟我們互動的經驗中，孩子自動內化這些價值觀。

回來談出門這件事。如果不是出門吃飯，而是爸媽有事要辦、必須帶著孩子出門，這時就要有點心理準備，有時候因為孩子的好奇或探索，爸媽可能會遇到尷尬時刻。例如，孩子跑去抽號碼牌，一抽就是好幾張，或甚至是弄倒別人的東西。有時候孩子的誠實也會讓人三條線，例如有次我搭公車時，聽到一個稚嫩的童音大聲說道：「媽媽，那個叔叔剛剛放屁。」媽媽的臉瞬間漲紅，假裝沒聽到。這些都是帶孩子出門時，可能會經歷的困窘狀況，請不用覺得不好意思，一般人聽到童言童語都是會心一笑，很能理解這種狀況。不過，如果孩子說的話真的冒犯到他人，讓其他人不舒服，這個時候就需要直球對決，該道歉的就道歉，因為由父母來示範，可以讓孩子印象更深刻，也是孩子學習的一個好機會。

出門辦事時，有時候由於大人太專注手邊事情，孩子感覺失去了跟我們的連結，可能會做出某些事來引起我們的注意，或是因為想探索新環境，也可能做出讓我們傷腦筋的事。看到寶貝闖禍時，記得先深呼吸平穩自己的情緒，再協助孩子一起善後。在收拾好也道了歉之後，我會花比較多的時間來跟孩子解釋為什麼這樣做不妥當。

但更好的做法，還是預防。記得在辦事等待時多給孩子一點關注，可以帶一本小冊子讓他畫畫，或是跟他說個祕密，甚至是解釋自己正在等待，看著孩子溫暖的笑著……，這些都可以讓孩子知道你是跟他在一起的，而且你們擁有彼此。我記得自己以前有時候會感謝我的孩子，對她們說：「謝謝你們這麼有耐心陪媽媽辦事情，媽媽覺得好高興！」讓孩子明白「合作」可以得到溫暖的回應，接下來會更有動力與我們合作。

帶寶貝去公園走走

幼兒很需要有機會出去走走，在不同環境中玩耍或體驗。我自己帶孩子的那幾年，除了下雨天，幾乎每天都會去公園玩。如果精神好，我還會開車帶著孩子去大一點的公園；如果比較累，就推車到住家附近的公園。每天出門透透氣，對大人自己的心理健康也會有幫助。

帶孩子去公園時，家長可以趁機觀察孩子的氣質：有的小孩大剌剌的像脫韁野馬，有的卻緊緊黏著爸媽，對玩樂設施感到害怕，不願意嘗試。相信憑著當爸媽的本能，我們會知道大剌剌的孩子需要稍微在一旁看著，避免發生危險，而太害羞不敢玩設施的孩子，我們會耐心的陪在旁邊，循序漸進地引導他去體驗，並提醒他要小心危險的狀況，或是在玩的時候留意其他小朋友。

看著孩子在玩的時候，通常是覺察自己想法的最佳時刻：我有看到孩子可愛的一面嗎？我對孩子的看法是什麼？有時候我們會覺察到自己對孩子不耐煩，我覺得很多時候這樣的負面感覺，是因為孩子跟我們所希望的樣子不一樣。

其實這樣的感受，在當爸媽的這條路上偶爾會出現。孩子的表現跟我們期待的有落差，或許我們會感到失望（他為什麼不能大方點？他為什麼總是這麼大聲？），偶爾還會懷疑是不是自己帶養得不夠好。你看，當爸媽多難！

不過，很多時候我們認為孩子在外面應該有的表現，常常都是於需要社會大眾認可而產生的投射，忽略了孩子有自己先天的氣質（特質）。或許一開始我們很難適應自己的孩子跟想像的不一樣，但是別忘了，孩子的可塑性是很高的。接受那個害羞的孩子，調整自己對他的期待——他就是沒辦法那麼大方，然後慢慢發現那個害羞伴隨而來的，可能是比別人細心、比別人更敏銳的觀察力。接受孩子說話大聲，然後在我們跟他的互動中示範如何說話，幫助孩子明白不用那麼大聲，大人就能給他關注，聽到他說的話。

如果要帶孩子出門，除非他們當下正著迷於遊戲中，不然通常孩子的配合度會不錯。當然出門前還是要預先準備的，因為如果他正專心玩遊戲，而我們又有時間壓力，情緒就會上來。我們可以等幾分鐘看看孩子是否盡興了，另一個方式是可以請孩子選一個正在玩的玩具，帶著這個玩具或玩偶一起去公園。出門的穿著，也預備兩個選項讓孩子自己選，例如要穿哪一雙鞋或穿哪個顏色的外套出門。可以自己做決定的話，孩子的配合度通常會高很多。如果不趕時間，還可以邀請孩子幫忙把東西放進袋子，讓他們對於出門前的準備有更多的參與感。

跟別的孩子一起玩很棒，但要注意這四件事

帶孩子出去玩時，爸媽經常會遇到以下幾種狀況：

一、如何引導寶貝跟其他孩子互動？

幼兒因為還在發展自我中心的階段，所以玩遊戲時不太會注意到其他人，而是專注在自己想玩的溜滑梯或爬上爬下。有的爸媽（尤其是獨生子女的爸媽）常會擔心自己的孩子沒有玩伴，擔心他們的社交技巧不好，以後上學不知道怎麼跟別的孩子相處，因此希望在孩子還小的時候，可以趁著到公園玩，多跟其他孩子互動。

在幼兒期，我們可以引導的方向是幫助孩子觀察周遭環境，跟其他小朋友互動的預備過程是「注意別人在玩什麼」→「他玩的我有沒有興趣」→「我想跟他一起玩嗎？」→最後才是真正靠近一起玩。例如，當他要從溜滑梯道逆向爬上去時，正好有孩子要溜下來，我們就可以在把他抱

開時對他說：「你看大家都在溜滑梯後面排隊，等著要溜下來。」這就是在幫助他看到別人在玩什麼，孩子也想爬上去，我們便會說「多多也想一起玩」，然後引導他看到大家玩溜滑梯的方法，或是陪他找到排隊的通道。甚至在引導的過程可以幫孩子跟其他孩子說：「姊姊不好意思，我可以排在你後面嗎？」

二、萬一跟其他孩子發生衝突怎麼辦？

遇到兩個小孩僵持不下或發生肢體碰撞時（例如都想騎搖搖馬，或同時想溜滑梯），我們可以依照孩子的年紀與是否危險的程度，來決定是否適時介入。介入的前提通常是為了確保兩個孩子的安全，而不是去管教別人的小孩。

有時候，困難的不是父母介入孩子，而是大人之間的溝通與互動。親職教養本來就是常態分布，每對親子的狀況都不一樣，會讓我們緊張的點，對方家長不見得在意。如果衝突不只發生一次，或許可以好好的跟對方孩子說：「阿姨／叔叔請你帶我去找你的爸爸媽媽。」然後跟對方家長說：「不好意思打擾了，我覺得孩子們可能玩的時候太興奮，動作比較大，是不是請您跟我一起確保孩子們玩的時候是安全的？我會看著我的孩子，您的孩子就麻煩您多幫忙，謝謝！」

在跟其他家長反映時，請留意不要以責怪的口吻開始，因為這樣容易讓對方自我防衛，問題就容易失焦，一旦溝通不愉快，自己的心情也會受影響。如果在溝通後情況還是沒有緩解，或許可以帶孩子換個地方玩。換地方玩不是退縮，而是單純地不希望這樣的不愉快影響自己和孩子的心情。

三、孩子執意一直玩某個設施，講不聽

有時候動作太大的是自己的孩子，也可能是因為太興奮或想繼續玩不想分享，而跟別的孩子有衝突。如果是自己孩子的錯，很重要的是帶著他向對方道歉。不傷害到別人是堅定的底線，我們學會保護自己的同時，也應該學會不傷害別人。

道歉後，把孩子帶到僻靜點的地方，同理他的渴望，然後我們可以用簡單的方式帶著他觀察：「你看公園這麼多小朋友，如果大家都不願意分享，那你今天就只能玩到一種玩具了。」所以「分享是為了讓你跟大家都玩到更多的玩具」，幫助孩子了解「與別人分享」對自己的好處。如果有別的小朋友跟他分享時，也可以在他的體驗上畫重點：「哇！剛剛那個哥哥跟你分享耶，所以你現在可以盪鞦韆了！」

四、孩子玩到不想回家，要如何優雅因應？

在親職演講或服務過程中，常聽到爸媽希望自己在外面可以「優雅」的因應孩子的行為。我覺得「優雅」二字反映了爸媽在教養過程中，經常容易失去平靜、從容，以及對自己生活的掌控感，所以才會如此渴望能夠「優雅」。

這樣說好了，在我們的生活裡要能夠優雅，其實是需要費心的。例如好好打理自己，出門才能優雅呈現。以前沒有小孩時，不用花太多時間就能讓自己感覺優雅，現在有了孩子，出門前打理的時間就被拉長了。如果我們能夠接受這些不優雅的時刻，耐心引導孩子，當孩子越懂越多，漸漸的能跟我們好好溝通、合作，我們就不用生氣，不用提高嗓音，自然就能優雅了。

那麼孩子不想回家時，可以如何優雅回應？前面提過一個具體的方法：以「再玩多少次」取代「再玩多少時間」，讓孩子做好要回家的心理準備；也可以在說到要離開時，提出一件孩子感興趣的事，做為「下一件我們要一起做的事」，讓孩子較願意配合。

在離開之際，用「想像未來」的方式呼應孩子的渴望，也會很有幫助。例如對他說：「媽媽看你好喜歡盪鞦韆，好！下次我們來的時候，第一個就來玩盪鞦韆！」然後開始進入細節：「下次你想要媽媽幫你在後面推幾下？」進入這樣的想像，可以幫助孩子轉移焦點，釋放不願意失去或捨不得離開的情緒。

有時候開點玩笑或裝傻也有幫助，例如：「爸爸忘記我們車子停哪了，你可以當小幫手，牽我的手帶我過去嗎？」轉換活動本來就是困難的，尤其是孩子正玩得興致高昂時，所以別忘了適度的同理孩子，並告訴他，你很開心他願意配合回家。畢竟玩具與公園雖然很好玩，但永遠無敵的，還是感覺到爸爸媽媽對自己溫暖的愛。

當寶貝不想睡、睡不著

睡眠與身心健康有很大的關聯，特別是對嬰幼兒而言。爸媽總希望孩子可以有充足的睡眠，好好睡午覺或晚上可以早點睡，但孩子卻常會有自己的想法。為什麼他們會抗拒睡覺？培養睡眠的好習慣要注意哪些事呢？

很多時候孩子沒有睡午覺，一路玩到下午四、五點才累到睡著，好不容易得了片刻安寧的爸媽擔心孩子睡不飽，不忍心吵醒孩子，於是這一睡就睡到晚餐或晚餐後才起來，結果是，晚上六、七點才睡完午覺的孩子精力充沛地衝衝衝玩到半夜，搞得爸媽累到不行。

其實，如果讓孩子有個大致可以依循的生活常規，他的生理時鐘比較容易感覺得到自己累了，需要充電一下。一般幼兒在起床後玩個五、六個小時，就會感覺有點累，需要小充電一下。如果孩子抗拒，或許可以嘗試承接他不想睡、想繼續玩的渴望，請他先選好玩具，等午覺的休息時間過後就可以玩。**讓孩子能感受到大人把他的渴望當一回事，通常孩子的配合度也會比較高。**

如果是自己在家帶孩子，建議每天有個大概的時間表，例如吃完午餐約半個小時後就是「休息時間」。休息時間一到，大家（包括爸媽）一起躺在床上安靜休息，是否睡著沒關係。好消息是，如果靜靜躺著，大部分的孩子都會睡著。午覺通常是一個小時到兩個小時，對孩子來說，感覺到媽媽在身邊會很安心，安心就更能放鬆，放鬆當然就容易充電。而爸媽跟著孩子休息，通常對自己的情緒也會有幫助。

兩到三歲的孩子，通常需要十二個小時左右的睡眠量（包括午覺與晚上的睡眠時間）。有時候晚上哄孩子睡覺，也是讓爸媽很傷腦筋的事，尤其是希望孩子早點睡，好讓自己能有時間做點事的人，如果孩子一直盧著「我還要玩我不要去睡覺」，真的會抓狂！

我在孩子上幼兒園後就重返職場，深深了解職業婦女兼顧育兒、理家與職涯的辛苦與忙亂，也很能體會下班後想把清單上的待辦事項勾完，留點時間給自己的渴望。我非常贊成自己一定要有一點喘息時間，因為沒有人能夠完全犧牲自己而不會感到過度負荷，所以，即使只有半小時或一小時的個人時間都好。在這點需求上，有個願意跟自己輪替的伴侶，以及孩子願意早點上床睡覺，是非常重要的。

那我當初是怎麼做的呢？記得那時四點多接回孩子到他們八點上床睡覺，是我跟孩子情感連結的時間。要讓孩子有安全感，在睡覺時放鬆地閉上眼睛，就要在睡前多跟孩子互動。例如接孩子時，孩子看到我們開心的衝過來，我會好好抱抱她、親親她的臉，跟她說：「媽媽好高興來接你了。」回家路上我會跟她討論待會到家後要做什麼，或她的哪個玩具也在等她回家玩。我還會邀請孩子一起做家事，即使只是站在小椅子上洗菜，讓她邊玩水邊陪我煮飯，都是一種參與。然後從容放鬆的一起吃晚餐，或在幫她們洗澡時一起童言童語對答，或是用好玩、充滿想像力的方式跟她們玩，這些都是很重要的。

然後就到了孩子上床睡覺的時間。讓孩子養成早睡的習慣有很多好處，包括孩子睡得飽、情緒穩定，而大人也至少有一到兩個小時可以喘息。所以要怎麼做？記得在《愛上當爸媽這件事》中曾提到「睡覺的心理意義是分離」，所以如果想要孩子養成早睡的好習慣，最重要的就是用「陪睡」培養幼兒的安全感。

你可能會說，天啊，老師你不會要我跟著孩子八點就上床睡覺吧？當然不會一直如此，但是在幫孩子建立足夠的安全感之前，我會建議你可以循序漸進地提早陪孩子躺著。如果孩子通常都玩到十一點才睡，一下要調整到八點當然不可能，但可以試試提前到十點上床。睡前也希望爸媽有一套睡前儀式：簡單的吃點餅乾→刷牙→聽故事→關燈。每天睡前都做一樣的事，對幼兒來說，可以預期接下來會發生什麼事就是一種安全感。

有時候孩子會抗拒上床睡覺，或許是他還不覺得累，或許是他想要有更多時間跟爸媽相處，或是從小他就沒有習慣進入睡覺的預備儀式。所以讓幼兒們在睡前儀式裡做睡覺的心理預備是很重要的。吃完小點心，他們就可以預期要刷牙、聽故事。跟孩子躺在床上講故事時，可以親親他的小手或小臉，揉揉他的背，按摩他的腳，這樣的親密除了有助於孩子放鬆外，也回應了他們害怕睡著就跟爸媽分開的緊張感。

然後就可以把家裡的燈全部關掉，所有人都躺在床上，就算不睡覺，也靜靜躺著，讓大腦分泌褪黑激素，看孩子能不能早點睡著。

你心裡一定在想：「那屬於我的自由時間呢？我還想滑一下手機，趕一下工作呢。」我記得以前在孩子托育後必須早起，所以幫孩子建立睡眠習慣時，真的是陪睡了一兩個月。也曾經好幾次想等孩子睡著後，自己就起床做點家事，誰知一覺就睡到早上四點，於是我清晨四點才慢慢的在洗水槽裡的碗盤。但那有什麼關係？反正是自己的家。如果爸媽們真的有非做不可的事，不希望陪睡的自己也跟著睡著，可以設鬧鐘，萬一睡著了還可以被叫醒做事。

不過跟著一起睡著也有好處，如果孩子沒有安全感，很容易睡著又驚醒，當他驚醒時發現你還在身邊，幾次下來孩子自然會覺得，就算他睡著你還是一直在他身邊，他就會有安全感，半夜驚醒的情況就會減少。

話說回來，大部分的爸媽都是體力透支的，能早早上床陪孩子雖然犧牲了自己的私人時間，但能睡飽一點對身體健康是有幫助的。陪孩子睡的做法不會有任何損失，可以嘗試一段時間後再自己評估看看。我自己的經驗是兩個月後，孩子就開始習慣了新的上床時間，很快的不需要我陪睡太久就能睡著了，且因為很有安全感而不易驚醒，我自然可以擁有更多自己的放鬆時間。

為了滿足孩子的需求而必須自我調整或退讓的日子一定會過去，一旦孩子養成早睡的好習慣，自己的時間就會越來越多。趁著幼兒期建立與孩子的親密關係，也會讓我們感覺幸福。這樣的生活安排既滿足了孩子對爸媽的親密感，也讓爸媽每天都能擁有一小段個人的時間，雖然日子一樣忙碌，但至少都能感覺到放鬆。「能夠放鬆的在一起」不也是家人的重要意義嗎？

幫助寶寶建立良好的生活習慣

孩子越來越大，越有自己的主見，有時候我們希望他可以在規定的時間刷牙、洗澡或洗頭，但他卻拖拖拉拉，或是跟你說他害怕洗頭，不願配合。這個時候我們該怎樣嘗試了解孩子發生了什麼事？該如何維持情緒平和，好好引導孩子建立基本的生活習慣呢？

對爸媽來說，如果孩子什麼都願意配合，那生活就太美好了。可惜現實生活裡寶貝有自己的主見，很多時候不願意洗澡、不願意洗頭，時間到了也不願意上床睡覺。有個媽媽曾跟我說，她三歲的孩子突然在某天洗澡後決定不穿衣服，她不知道該怎麼辦。這個媽媽說她不想要像父母輩那樣凶巴巴的打小孩，但不論好說歹說，孩子就是不願意配合，最後真的光著身體在家裡跑了兩個小時，結果當然是感冒了。她問我為什麼孩子會突然這樣。

事實上，對於孩子的反常行為，我們很難知道確切原因，或許他只是在那個當下突然想這樣試試看。如果我們「理解小孩」的方式，是期待能像大人之間的溝通那樣去問孩子為什麼，一定得不到答案。

兩三歲的孩子需要引導，前面說過要建立「堅定」的底線：只要與「安全」或「健康」相關，爸媽都要清楚的建立界線。不穿衣服會感冒，所以這個界線就是「洗完澡一定要穿衣服」。還記得之前提過要做到「溫柔又堅定」嗎？所以我們可以有溫柔的一面：「我可以讓你選粉紅色或綠色的衣服」或「我可以讓你決定站在地墊上穿，還是進房間穿」。如果孩子還是不配合，堅定的立場是「不穿衣服，我們就不能離開去玩」。之前也有提到爸媽還可以用好玩幽默的方式應對：「你如果決定不穿，那我就要搔你癢囉，搔到你受不了要穿衣服！」

如果不是像這種突然不想穿衣服的反常行為，而是孩子天天都在抗拒洗澡、洗頭、刷牙這些例行常規，爸媽就要好好思考為何孩子會抗拒：**是不是曾經在做這些事情時，孩子有過負面的感受，讓他們害怕或抗拒？**

在我們看來每天都要做的例行常規，孩子不見得跟我們一樣很適應。例如，洗澡要脫衣服、要將身體弄濕，還要再穿上衣服，這些我們連想都不用想的過程，說不定孩子會感覺不舒服。又或者，玩到一半被強迫打斷或一直被催促、爸媽在幫忙洗澡洗頭時會不耐煩或生氣、洗頭時水跑進眼睛很痛很不舒服、爸媽幫忙刷牙時太用力，或是害怕牙刷放進嘴巴的感覺等等。這些都有可能是孩子心生抗拒的原因。

有的爸媽會抱怨：「如果要顧慮這麼多，那我什麼事都不用做了。」其實去猜測孩子、嘗試理解孩子，只是為了對症下藥，**讓孩子知道我們在嘗試理解他的害怕與抗拒，願意跟他一起想辦法**。例如孩子不想洗澡，可能是因為冬天脫衣服會很冷，讓他不舒服，洗完等著穿衣服時也很冷。如果是這樣，可以洗前使用電熱器或開暖氣，洗後先用大毛巾把他包起來。如果不想洗頭是因為害怕水跑進眼睛會痛，可以請他小心扶著維持好重心、頭往後仰，我們沖水時小心一點，不要讓泡泡跑進眼睛，就可以改善這種狀況。

我們為孩子所做的這些調整，會讓孩子感覺到被愛，讓他知道即使遇到困難也沒關係，爸媽會願意跟他一起想辦法解決。以下我舉自己的帶養例子，分享調整做法與理解孩子的重要性。

寶貝不讓刷牙，當年我親自帶孩子時也曾苦惱過。那時她只是個幼兒，刷牙時常常都是緊閉牙關不願配合，孩子越鬧大人越緊繃，為了刷牙常常鬧得人仰馬翻。為此我特別去請教了兒童牙醫師，醫師建議幫孩子刷牙時也讓孩子幫我刷牙，果然有幫助。或許是因為孩子在這個過程中覺得自己有能力可以幫忙，也或許幫我刷牙讓她分心，不再那麼緊張，這之後孩子就沒有再抗拒刷牙了。

也是因為開始讓她幫我刷牙，我才明白她的抗拒，因為她幫我刷牙時如果角度不對，真的很痛，所以我對她說：「我們都輕輕的，這樣兩個人都不會痛。」這個經驗讓我明白孩子會抗拒刷牙，可能是因為「無法預期我會用多少力氣」，或「用什麼角度」幫她刷，過程中她因為感覺不舒服會動來動去，但在我腿上她也無法掙脫，在這麼沒有掌控感的情況下，當然就會想逃避或拒絕。所以，一旦能夠理解孩子的經驗是什麼，並願意想辦法調整，雙方就不用一直上演拉鋸戰了。

另一個有效的方法，是讓孩子拿鏡子對照刷牙前後的不同，讓他們在刷牙過程中有更多的參與感，也很有幫助。對幼兒來說，很多大人的堅持是他們無法理解的——為什麼一定要洗頭？一定要刷牙？一定要洗澡？我才不想。這個階段的幼兒用大人說理的溝通模式很難行得通，反而是能呼應他們發展的「邊做邊觀察」更有幫助。我們可以拿一面小鏡子，先讓孩子看看髒髒的齒縫，你幫他把髒髒清出來後，再讓他看刷乾淨的牙齒，告訴孩子牙齒乾淨又開心，之後就不會痛痛要去看醫生了。能夠看到刷牙前後的不一樣，有助於孩子理解刷牙對他的好處，當然也就比較願意配合。

孩子在生活常規上的不配合一定有他的原因，試著找出原因並加以調整，更重要的是提醒自己，孩子這樣的狀況只是階段性的、暫時的，我們只要願意耐心摸索調整，慢慢就能迎刃而解。

怎樣與弟弟妹妹相處

手足相處是大學問，我自己因為兩個小孩接連出生，所以寫了手足相處的教養書《相親相愛不簡單？》，想協助爸媽們幫老大做好成為哥哥姊姊的心理準備，開始建立手足情感。

不管是什麼原因，當我們決定再生一個孩子時，爸媽們想要的家庭和樂就包括了手足之間可以和平相處，讓他們能相親相愛也成了一個重要的主題。許多爸媽想生第二胎的原因，是希望老大有個伴，畢竟手足關係可以是這輩子最長的關係，如果孩子們可以好好相處，在我們離開這個世界之後，不管他們遇到什麼困難，至少還有彼此可以互相依靠。

所以，我們該如何幫老大做好準備呢？如果老大已經是三到六歲的孩子，我們可以在跟他玩假扮遊戲（扮家家酒）時，藉由洋娃娃來說明「照顧嬰兒」可能會發生的事，用「娃娃屋」的玩偶來演出家有小寶寶會遇到的情況——寶寶玩偶哭了，爸媽要先去抱寶寶玩偶，讓寶寶不哭，這時候哥哥姊姊玩偶可能會感到有點生氣，覺得爸媽比較愛寶寶。但是哥哥姊姊玩偶也可以過來跟爸媽討抱抱，或爸媽可以安慰哥哥姊姊，跟他們說爸爸媽媽雖然要先去抱寶寶，但還是很喜歡跟他們一起看故事書。用玩遊戲的方式演出這些日後會遇到的情節，對老大是個很好的心理準備。

不過，如果老大年紀是大一些的，我想提醒爸媽的是：不要因為老二到來，就對老大有過多的期待。我在工作中就遇過這樣的情況：家中有多個孩子的父母因為照顧很累，希望老大分擔家事，一直要求老大幫忙，當老大感覺生氣不想配合時就會挨罵，於是爸媽跟老大的關係變差了，此時老大根據自己的解讀會轉而討厭弟妹：「要不是你這個討厭鬼，爸媽也不會對我生氣。」所以爸媽調整對老大的期待很重要。

如果你的老大年紀還小，不太能理解假扮遊戲，可以做些什麼幫他做準備呢？首先是讓他有不止一個固定的照顧者。對三歲以下的孩子來說，不管生活或環境發生什麼變化，只要照顧者還在，安全感就在。所以第一件事就是不要讓他只黏媽媽，否則當媽媽去生產時，孩子沒有習慣的其他照顧者，很容易會因為沒有安全感而哭鬧，而臨時的照顧者因為不夠熟悉，反而更容易加深孩子的不安全感。所以當媽媽進入第三孕期（懷孕後期）時，要讓爸爸或可以幫忙的親朋好友多花點時間與孩子相處，讓他慢慢習慣媽媽之外的照顧者，這點很重要。

另一個方法是善用繪本或超音波的照片來說故事，但不要期待幼兒會很有興趣聽弟弟或妹妹的事，他們最在意的當然還是自己，所以如果要分享超音波照片，可以順便把他以前的照片拿出來給他看，讓他因為相似的照片而產生興趣或連結。另外，關於手足相處的繪本有許多，有的敘述多了弟妹後老大的感受，有的描繪弟妹來到後生活的改變。繪本的好處是提供情境與圖片吸引寶貝的注意，不過要提醒爸媽的是，不要勉強孩子一直讀這類的繪本，幼兒正在發展「自主」，所以讀完幾遍後，就可以把繪本與其他故事書放在一起，讓孩子自由選擇要不要再讀。

弟妹出生後，老大最常感覺到的就是忌妒的情緒。雖然爸媽再三強調「還是一樣愛自己」，但只要自己跟弟妹同時哭，爸媽第一時間一定都是去抱弟妹，所以老大的直接感受會很強烈。爸媽先去抱小寶寶是很正常的，因為年紀越小的孩子越脆弱，所以我們這樣做沒有錯、也不需要改變，那我們怎麼做可以讓大寶更有安全感呢？我的建議是：給他獨特的情感連結。我自己的做法是在照顧老二之餘，會給大寶一些專屬於我們的親密表達，例如跟他說：「等弟弟睡了，我們來看故事書，只有你可以喔，因為弟弟太小了。」或「媽媽好喜歡你跟我一起摺衣服，因為弟弟小小的還不會幫忙」，然後抱抱親親他。

不要小看這樣小小的親密時刻。由於同時要照顧兩個小孩，爸媽除了感覺更疲累外，還容易對老大有比較高的期待（希望他可以幫點忙或不要搗亂），因而可能讓老大面對爸媽更多的負面情緒。透過這些親密的溫暖時刻，可以讓孩子感覺到安心，感受到自己還是被愛的，這是非常重要的。

如果能從一對一的互動裡感覺到被愛，老大就更願意跟我們合作，當他真的幫忙照顧老二時，我們可以替老二表達感謝。例如，我們可以替老二說：「哥哥，你幫我拿被被好好喔，謝謝哥哥。」如果這時候老二笑了，我們還可以說：「你看弟弟真的很高興呢！」讓孩子感覺自己所做的有被看見，也了解自己可以做些什麼來當個很棒的哥哥或姊姊。

記住，不要把老大的「幫忙」視為理所當然，認為是他應該做的，畢竟他也只是個孩子，還是個只會從自己的視角來看世界的孩子。反之，過度的讚美也不需要，我認為在恰當的時候回應，這才是重點。例如，告訴老大剛剛他做的事對弟妹很有幫助，並特別指出弟妹好的反應來鼓勵老大，培養他們對彼此的喜歡與良好互動。

當弟妹越來越大時，老大的抱怨常常會是「他把我的東西弄壞了」、「我不想給他這個玩具」等等。身為爸媽，我們都希望孩子學會分享，不過我覺得也可以給孩子機會學習尊重玩具及物品的所有權。舉例說，有些比較適合弟妹年齡的玩具，我們可以規定孩子要分享，但也可以讓他選幾個完全不想分享、專屬於自己的玩具，放在只有他拿得到的地方。等到老二大一點時，我們可以帶著老二去跟老大借或換，學會如何跟對方商量或妥協也是很重要的學習。

身為爸媽，我們很希望幫助老大明白弟妹還小、不懂事，但前提是我們要先理解他的委屈、生氣或受傷的感覺，這樣老大的心裡才有空間去觀察與明白。雖然這些事聽起來很花時間，但是就如同之前說的，「慢慢來，比較快。」如果可以多照顧老大的感受，就是在幫他與弟妹好好相處，我們真正幫的不只是手足一輩子的感情，還有一家人和樂相處的感覺。

你做這三件事，孩子們相處融洽

一、規矩與界線的設立

如果是雙薪家庭，白天孩子送去托育，只剩晚上不長的相處時間，所以週末就是全家人好好相處的時間了。不過，週末很常是孩子們特別吵鬧的時候。帶養手足有許多要注意的眉眉角角，不管是處理紛爭或培養感情，在我的第二本書《相親相愛不簡單？》有詳細的解釋與建議。大原則來說，第一件事就是家庭規矩的設立。規矩不用太多太瑣碎，畢竟孩子還小，未必能理解。很重要的一點是，要讓孩子明白「我們家不允許傷害發生——打架或傷害別人都是不對的」。

界線的設定非常重要，我的孩子還小的時候，只要有肢體衝突，我一定馬上放下手邊的事情專心先處理，讓她們明白我非常非常堅持這個原則。記得有一次我們母女三人要去看兒童劇，當時老大四歲多、老二不到三歲，結果在路上兩個孩子突然打起來了，於是在還沒有到站的情況下，我當時決定提早下車，花了半個小時讓她們冷靜，處理她們的打架，最後我們沒有趕上看兒童劇。我一點都不心疼浪費的票錢，因為我要她們明白，這個規矩是最重要的，沒能如願看到兒童劇就是她們打架的後果，這也讓她們印象深刻，之後在路上打架的情況就變少了。

二、了解孩子在爭吵什麼

手足搶奪問題會發生，主要有兩個面向：一是具體的擁有物（例如玩具、零食等）；二是爸媽的注意力（請參考前一篇）。有時候「空間」也會成為手足吵架的原因，尤其是如果孩子有一些感覺統合的狀況，很需要多一點空間讓他的身體感覺舒適一點的時候。

關於玩具的部分，想必很多爸媽都無法明白為什麼對幼兒來說，「玩具」那麼重要。其實在心理發展上，幼兒很希望感覺得到自己很有能力，他們喜歡自己強大的感覺，而玩玩具時所帶來的變化與體驗，會讓他們感覺自己更強大，所以失去玩具就等於失去變強大的能力，當然孩子會很抗拒。

再加上幼兒的社交心理上正在發展自主，因此非常以自我為中心，當然不會願意與他人分享。前面我們已談過如何以具體的方式幫兩歲幼兒學習輪流，並用他們可以觀察到的現象，簡單解釋輪流對他們的好處，也談到從小就幫助他們建立所有權觀念的做法——選擇不同的玩具，帶著老二去跟老大借或換玩具。

再來複習一下具體操作「輪流」的方式——使用巧虎「數到五換人玩」的方法，搭配口訣，讓孩子們直接觀察與記憶。當兩個孩子搶一個玩具時，爸媽可以直接把玩具拿起來，對孩子說：「記得巧虎說『數到五換人玩』嗎？我們現在就來試試看。」於是爸媽把玩具交給其中一個孩子，開始數「一二三四五」，數完再把玩具交到另一個孩子手裡。幾次下來，孩子便能從操作中明白輪流的真正意義，然後可以變成數到二十或數到五十，漸漸地孩子就會習慣輪流。

在這過程中，別忘了還要幫孩子為這次的經驗畫重點。如果以孩子的角度看「輪流」這件事，就是「只要我等，玩具就會回到我的手上，不用跟對方搶或生氣」。當孩子等待時，我們可以在旁邊提醒他輪流的好處（站在孩子的角度來說），這就是在幫孩子的經驗畫重點，讓他可以把輪流的好處內化。

所以我們來總結一下，關於「輪流」的步驟就是：

1 配合口訣，具體操作「數到五換人玩」；

2 在過程中幫孩子畫重點，強調「輪流」對他的好處；

3 讚美他們輪流之後大家都玩得到，並且可以和平一起玩。

那分享又是怎麼一回事呢？剛剛說幼兒會把「玩具」視為自己的一部分，所以要幼兒分享非常困難。想讓孩子學會分享，就要幫他們了解「分享」可以帶來的好處，讓他們有意願配合。以孩子的角度來看分享，就是「分享可以讓我玩到更多玩具」。這個部分在前面已經提到，但如果是用在手足相處的議題上，記得要引導孩子在過程中學習社交技巧。

當一個孩子想玩另一個孩子的玩具時，除了教另一個孩子學習分享外，也可以教那個想要玩具的孩子不同的社交技巧：「有禮貌的詢問」、「在等待對方玩的時候，可以先玩自己第二喜歡的玩具」、「拿不同的玩具看對方願不願意交換玩」。如果孩子太小無法自己操作這些技巧時，就非常需要爸媽在旁邊幫他說，或是調節他這一刻拿不到玩具的挫折感。

三、**幫助孩子定義問題，對事不對人**

當兩個孩子爭執時，如果我們有看到整個經過，那我們要把他們的問題定義出來。例如：「只有一個球，你們兩個都想玩。」當我們把問題講出來時，可以幫助孩子不會沉浸在「我討厭你，我不要跟你玩」這種很有針對性的感受，更可以協助他們看到紛爭的原因，他們才有可能進一步思考可以解決的方式是什麼。

在過程中定義他們遇到的問題、分享社交技巧，甚至帶著孩子一起操作「輪流與分享」，這些方式對於孩子之間的相處會很有幫助。爸媽們一定很擔心如果花這麼多時間來處理，怎麼處理得完？但以一個過來人的身分，我要再次強調「幼時好好引導，建立起好的習慣之後，未來的教養會輕鬆很多」，而能跟手足處得好的孩子，進入團體中也能與其他孩子處得好，自然在就學之後能夠有好的同儕關係。所以，我們今天所做的不只是為了孩子，也是為了能在教養路上走得更輕鬆順利。

結語
前面有多累，後面就有多甜

管教啊管教，對幼兒或學齡前兒童要如何做呢？許多爸媽擔心自己在管教上會過猶不及，那就先來想想我們教養孩子的目的吧！

我很喜歡問跟我一起會談的爸媽，如果用三個形容詞來形容自己的孩子，會是什麼。這些我們想到的形容詞提供了許多線索：我們對自己寶貝的感覺是什麼？我們是怎麼想他們的？這些都是我們跟孩子每天累積來的，不管是正面的「可愛」或是負面的「又來了」，都是了解親子關係的方法。

幼兒因為探索及自我中心的自主性，常讓爸媽不僅要面對亂糟糟的家裡，還要因應孩子不定時會爆發的情緒，自己的心情也被搞得亂糟糟的。記得我的孩子快兩歲時，有一次把手機的充電電池（那個年代手機電池是外充的）放到爸爸的皮鞋裡，我們把整個客廳都快掀過去了還是找不到電池，最後問孩子時，她才笑咪咪地帶我們去鞋架，小手伸到皮鞋裡把電池拿出來。當我看著她把手伸進皮鞋拿電池時，差點昏倒，難怪我們動員所有人找了一個多小時都找不到，真是又生氣又好笑！

理智上我們知道正在發展自主的孩子把電池放進皮鞋裡，只是依照自己的想法去做的一個嘗試，並沒有故意搗蛋、存心跟我們作對的意思，但如果正是超級忙碌的時刻又遇到這種事，再有耐心的爸媽也很容易爆炸。記得有個媽媽在會談時曾跟我說：「有時候我真的不喜歡我的小孩，尤其是他大哭大鬧講不聽的時候，我真的覺得很討厭他。現在想想，我好像是個很差勁的媽媽……」其實，我相信有這種感受的爸媽應該不是少數。

在生活裡，我們會有一個延續的線性發展，也有每天暫時性的狀態。在那些暫時的片刻裡，我們的確會把身邊的家人（包括孩子）視為討厭的人，尤其是當我們自己狀況不好或發怒的時候。

身為爸媽的我們也是人，把在其他地方受的氣發洩在孩子身上也是有可能的。希望看完本書的你，可以允許自己擁有人的「脆弱」與「不完美」，但也能知道不傷害身邊重要的人，其實也是為了讓他們能夠更愛我們。

或許這樣的怒氣來自於工作壓力，來自於缺乏睡眠，或來自於渴望自己成為優雅的爸媽。讓我們試著在不同的情緒裡思考自己的需要，明白我們是大人，可以評估自己的癥結點，也能夠找方法來調整自己，讓自己過得更好。例如，跟孩子一起早早就寢，讓自己有足夠的休息來應對忙碌的生活，或是找閨蜜好好聊聊吐吐苦水……，這些都是不錯的方法。

如果拉開一個距離來看，我們會發現在很討厭「他」的當下（這個「他」可以替換成我們的伴侶、手足、親戚、朋友等等），這個「討厭」包含著自己無法改善這種狀態的挫折，也就是「我討厭他又這樣，可是我也討厭自己無法改變這件事」。同樣身為媽媽的我想對你說，別被自己「討厭孩子」的這個感覺嚇到或覺得內疚。

記得告訴自己，這些感受都只是當下的短暫狀態。感受會來也會走，你在這個時刻覺得討厭孩子，但下個時刻當孩子笑著喊你時，這個討厭就會消失，他又是你的心肝寶貝了。生活就是如此，起起伏伏，有好也有壞，也因此常讓我們有各種複雜的感覺，所以要提醒自己不要被一時的壞情緒影響，干擾到接下來的生活。

同理，讓孩子的情緒降溫

那麼在教養上，當幼兒講不聽時要怎麼做呢？

從理解開始。幼兒的發展就是一個大大的「我」，他的語言能力還在發展（所以無法精準表達）、容易衝動，加上還沒有成熟的前額葉（事實上，掌管思考及控制的前額葉要到二十歲以後才會發展成熟，所以衝動控制的發展是二十年），這些不成熟的能力都會讓孩子容易有情緒和行為上的問題。

通常我會以「或許看起來像是故意在鬧，但孩子只是想自己試試看」、「因為太急說不出來或不知道怎麼說，行為就衝出來了」，以及「除了哭鬧，孩子有限的能力大概很難想出其他方法宣洩」等角度，來看待幼兒的行為和情緒。

前面說過，可以試著用我們的經驗來推想孩子的反應：當我們處在情緒頂點時，如果有人能夠同理與接納，我們的情緒就能平緩下來。所謂「同理」是指從情感面去理解及感受對方的狀態，而不是鼓勵或同意他的想法或做法，所以不要擔心你的同理會讓孩子成為自私或霸道的人。同理是為了讓孩子的情緒降溫，接下來就可以用你的方式來引導孩子學習，這才是重點。

尊重孩子的感受，也願意理解孩子的感受，孩子自己就能緩和下來面對問題。有的爸媽很直接的反應是：「他就番啊，他番我們就不理他。」但其實孩子在「番」的當下，正是他需要感覺爸媽還願意愛他的時刻。我們可以這樣說：「你很生氣的時候可以哭，爸爸媽媽就在旁邊。」如果孩子伸手打人，可以將他圈住、穩定住他，設定安全界線的同時，引導他用「不傷害自己也不傷害別人的方式」來宣洩，例如跟他說：「你生氣時不能打人，但是可以跺跺腳或是推牆壁。」

孩子鬧脾氣時，不一定要勉強自己去擁抱他，因為我們可能也還在生孩子的氣。這個時候不要急著說話或做什麼，只需要讓孩子知道他並沒有因為鬧情緒就失去你。你可以待在旁邊等幾分鐘，讓自己的情緒比較緩和後，再來嘗試安撫孩子。

有的時候，父母的挫折感來自孩子在不對的時刻，要求自己放下手邊的事來滿足他。前幾天我在賣場就看到一個坐在推車上的幼兒，不斷要求「爸爸抱抱」。她的爸爸正忙著挑選東西，一開始還回應說爸爸現在沒有辦法抱，後來就不再理她了。孩子感覺到連結斷掉，掙扎著想要爬起來，爸爸一臉不耐煩，眼看著就要罵人了，這個時候雞婆的我假裝經過說：「妹妹，爸爸好忙，不然你手伸出來抱抱爸爸？」「你就是想抱抱不是嗎？那爸爸靠近你讓你抱抱，好不好？」因為陌生的怪阿姨說話了，孩子當場嚇呆變得很安靜，我轉過去跟爸爸說：「你的女兒好可愛，好會撒嬌。」爸爸笑著跟我道謝，回過頭對孩子說：「你看阿姨都說你好可愛，不然你手張開抱抱爸爸。」我慢慢走開，最後回頭望時，小女孩果然伸出手抱著爸爸，父女兩個都笑咪咪的。

藉由這個例子我想說的是，「情感連結」對孩子來說真的很重要。很多不看場合、不看時間的要求，只是孩子想要維持跟爸媽的連結。所以有時候面對孩子的要求，不需要太嚴肅覺得一定要照他的方式，也可以換個有創意或輕鬆的方式給他溫暖的回應。我孩子很小的時候也會這樣，我就會靠近推車說「換你抱抱媽媽」，讓她抱抱我，或是我會提議替代方案，「媽媽手摸很多東西髒髒，不抱抱，但可以親親頭頭。」然後我會邀請她跟我一起看正在挑選的物品，用說話的方式跟她維持連結（例如：看這個圖案是不是很可愛，或是問她覺得哪個顏色漂亮之類）。

理智斷線的時候，別被暫時的情緒打敗

當然，帶養的挫折或跟孩子「過招」時，可能會有理智（差點）斷線的時候。感覺那些平靜、美好及放鬆的生活，似乎離自己越來越遠了。想想有多少日子，是自己累了一天只想回家放空，卻必須趕著做飯給孩子吃？夫妻兩人渴望來個說走就走的小旅行，但望著奶瓶和尿布只能互相苦笑？甚至有了小寶寶之後，連想要照自己的速度洗個澡、吃個飯都變得很困難。這樣的辛苦讓我們很容易就把挫折感丟給對方——彼此責怪對方做得不夠好，對對方不滿意。帶孩子的辛苦漸漸形成婚姻的裂縫，夫妻之間的甜蜜變淡了、愛變少了，而摩擦卻變多了。

如果你覺得這就是你的現狀，是時候停下來邀請伴侶一起想想，生活真的變得這樣不堪了嗎？那些溫暖、快樂的時刻，你們為彼此做了什麼？

很多媽媽在有了孩子後，就把重心擺在孩子身上，無暇去照顧夫妻之間的互動，這其實很可惜。因為孩子跟我們緊密生活的緣分可能就十八年，之後終究會離巢，但我們跟伴侶卻是一輩子的關係，非常需要兩個人好好經營。

提醒自己不是只有孩子重要，家庭包含了親子和夫妻。爸媽要學習在辛苦的生活中磨合，在帶養過程中願意為對方多做一點，以及偶爾真誠地表達自己的感謝。人是互相的，給對方多一點，對方就會有能量多回饋自己一點。如果伴侶比較自我中心，無法想到對方的需要，那就要在溝通下點功夫。記得坦誠溝通、換位思考。只要是人都喜歡被認可、被關懷或是被讚美，所以盡量從這個角度出發來溝通，就會比較有幫助。

別被暫時的情緒打敗！前面有多累，後面就有多甜。付出，是為了讓自己感覺快樂、感覺幸福，在這些辛苦中，一定會有甜美的時刻等待我們，讓我們感覺自己的人生是有意義的。在當媽媽的路上，我也還在學習，偶爾感覺脆弱，偶爾替孩子緊張，但更多的感動，是感受到孩子一直愛著我們，我也永遠愛著他們——愛與信任是一輩子最棒的收穫！

國家圖書館出版品預行編目（CIP）資料

爸媽自在，寶寶好帶：從懷孕起到 3 歲前，打造家庭幸福感 / 孫明儀著 .-- 初版 .-- 臺北市：早安財經文化有限公司 ,2024.01
面； 公分 . --（生涯新智慧 ; 55）
ISBN 978-626-95694-6-5(平裝)

1.CST: 兒童心理學 2.CST: 育兒

173.1 112015582

生涯新智慧 55

爸媽自在，寶寶好帶

從懷孕起到 3 歲前，打造家庭幸福感

Pregnancy, Baby Wellness & Family Bliss

作　　者：孫明儀
特約編輯：莊雪珠
封面設計：Bert.design
責任編輯：沈博思、黃秀如

發 行 人：沈雲驄
發行人特助：戴志靜、黃靜怡
行銷企畫：楊佩珍、游荏涵
出版發行：早安財經文化有限公司
電話：(02) 2368-6840　傳真：(02) 2368-7115
早安財經網站：goodmorningnet.com
早安財經粉絲專頁：www.facebook.com/gmpress
沈雲驄說財經 podcast：linktr.ee/goodmoneytalk

郵撥帳號：19708033　戶名：早安財經文化有限公司
讀者服務專線：(02)2368-6840　服務時間：週一至週五 10:00~18:00
24 小時傳真服務：(02)2368-7115
讀者服務信箱：service@morningnet.com.tw

總 經 銷：大和書報圖書股份有限公司
電話：(02)8990-2588
製版印刷：中原造像股份有限公司
初版 1 刷：2024 年 1 月

定　　價：460 元
I S B N：978-626-95694-6-5（平裝）

爸媽心靜，寶寶就靜心。